証言 治安維持法

「検挙者10万人の記録」が明かす真実

NHK「ETV特集」取材班［著］
荻野富士夫［監修］ Ogino Fujio

NHK出版新書
607

はじめに

きっかけは、二〇一七年にある男性と出会ったことだった。

「資料が増えすぎて物置も足りないのですが、引き取り手が見つからなくてね……」

膨大な蔵書がぎっしりと収められた本棚を前に苦笑する西田義信《にしだよしのぶ》さん（八十二）。日本のパーソナルコンピュータ・プログラミングの草分けとして業界で知らない人はいないと言われた存在である。

西田さんの家を訪れたのは、彼が制作する治安維持法の検挙者のデータベースを見せてもらうためだ。窓のない四畳ほどの作業部屋は、本棚に収まりきらない年季の入った書籍や資料がうず高く積み上げられ、奥のわずかな空間にパソコンの画面が鈍く光っていた。

西田さんがデータベースを操作すると、画面は一瞬にして文字情報で埋め尽くされた。治安維持法違反で検挙された人の名前や年齢、捕まった時期や地域、事件名。さらに、検挙者の記録が記載された資料名や、裁判資料の所蔵場所も表示されていた。

西田さんは、戦前・戦中の警察や司法関係の公文書をはじめ、治安維持法に関する資料千三百点余りの中から検挙・起訴された人の名前を抽出し、一人ひとりの情報を入力し続けている。

三年前から本業のプログラミングの仕事をすべて断って、食事以外のほぼすべての時間をデータベース作りに費やしているという。記録は日々増え続け、取材時点で入力された検挙者は二万人に上っていた。

一九二五年に制定された治安維持法は、「国体の変革」や「私有財産制度の否認」を目的とする結社を取り締まるとして、終戦の年まで二十年間にわたって運用された。成立当初は共産党を主な取締り対象としていたが、その後対象が一般の市民にまで拡大し、「稀代の悪法」とも呼ばれた。二〇一七年にはテロ等準備罪の新設をめぐる報道などで、治安維持法に再び注目が集まったことをご記憶の方も多いだろう。

義務教育の中で一度はその名を耳にするだろう、治安維持法という法律。しかし、どのような人がどのくらい検挙されたのか、運用の全体像はいまもわかっていない。国による実態調査も行われておらず、検挙された当の本人やその家族ですら、捕まった理由や[illegible]とされた理由を調べられないケースも起きている。

その状況を改善したいと考えたのが、西田さんの叔父、小森恵《こもりけい》さん（故人）だった。東京大学社会科学研究所の図書室で司書として働いていた小森さんは、戦後まもなく、図書室を訪ねてきた人から「自分が治安維持法で検挙された理由を知りたいが、何を見たらいいか」と問われ、答えられなかったという。これを機に小森さんは検挙者の情報を一冊の本にまとめようと思い立った。仕事の合間に全国各地の大学や図書館に通って資料を集め、五十年かけて一万四千人分の記録を私家本としてまとめたが、二〇一四年、その改訂作業の半ばで亡くなった。

生前の小森さんの活動を傍らで見ていた西田さんは、叔父が生涯をかけて取り組んだ仕事を完成させたいと、膨大な資料とその遺志を引き継いで、二〇一六年に『治安維持法検挙者の記録　特高に踏みにじられた人々』（文生書院）を出版。さらに書籍の内容をデータベースに移しながら、情報を追加する作業を続けてきた。

「なぜこんな理由で捕まるのかという事例が次々に出てくるんですよ。落書きをしたという理由で検挙されている人もいます。これが実際に議会を通過した法律によるものだとは信じられないですよね……」

時代の流れに沿って、一人ひとりの記録を読み込むと、治安維持法の運用の変化や、同法がどのように社会に影響を広げていったかが見えてくると西田さんは語る。データベースの情報は検挙された人すべてを網羅しているわけではないが、時期や地域などを指定して検挙者を検索したり、関連する記録や判決文を探したりすることもできるという。

このデータを活用して、治安維持法の運用の軌跡を人々の肉声とともに描き出す番組を作ることはできないか——。

本書の監修を務める、歴史学者で小樽商科大学名誉教授の荻野富士夫氏に相談した折、法律が運用された二十年間の検挙者・起訴者数が当時の警察や検察の公文書にまとめられており、さらに年によっては地域別の数字も記録されていることを聞いた。

そこで私たちは公文書を再検証して全期間の検挙者数の推移をまとめ、特徴的な傾向を示す時期や地域を分析した。さらに、実際に検挙された人を西田さんのデータベースによる検索と取材を基に捜し出し、証言を集めた。

およそ半年かけて制作されたのが、二〇一八年八月十八日にEテレで放送されたETV特集「自由はこうして奪われた〜治安維持法 10万人の記録〜」だ。番組は幸いに好評で、二か月後にアンコール放送された。本書は同番組を書籍化したものである。

本書の構成を簡単に述べておくと、まず序章で、現在も声を上げ続けている検挙者の証言を入り口に、治安維持法がどのような目的で作られたのか、成立の経緯を概観する。途中、歴史的な記述が続く部分は、同法の成り立ちを理解するために必要と考え、やや詳しく書いたが、証言を中心に読んでいきたい読者は第一章から読み進め、必要に応じて序章に戻っていただいてもいいだろう。

第一章から第五章では、法律が運用された二十年間の検挙者数のデータを分析して特徴的な変化を示す時期や地域を各章ごとに絞り込み、当時の出来事を、該当する証言者のエピソードを通して描いていく。同時に、証言者たちがなぜ検挙されたのか、時代的な背景や法律の運用状況を専門家の見解を交えながら検証する。

第六章では、治安維持法をはじめとする戦前・戦中の治安体制と戦後の治安体制の連続性について検証し、終章では本書に登場した証言者たちの戦後の歩みを見ていく。

書籍化にあたり、番組内で紹介することができなかった当事者の証言やエピソードをできるだけ織り込むよう心がけた。

戦後七十四年が経過したいま、当時を知る方々から話を聞くことはますます難しくなっている。しかし時代が遠ざかれば遠ざかるほど、実際に出来事を体験した人の生身の感覚こそが重要性を増していくのではないだろうか。さらに強調しておきたいのは、今回取材に応じてくれた証言者の誰もが、治安維持法は遠い昔の無関係な法律ではなく、その時代を知らない私たちにも重要な示唆を与えるものと考えていたことだ。

本書がかつて存在した治安維持法と、この法律によって人生を変えられた多くの人の声の一端を伝え、これからの社会を考えるための一助となることを願っている。

NHK制作局　ディレクター　滝川一雅

証言　治安維持法――「検挙者10万人の記録」が明かす真実　目次

【凡例】

一、文献・文書などからの引用にあたっては、読みやすさを考慮して、漢字は原則として旧字体は新字体に、歴史的仮名遣いは現代仮名遣いに改めた。また、句読点・読み仮名を適宜補った。

二、本文中の筆者あるいは編集部による注は（ ）で示し、引用箇所の注は［ ］で示した。

編集協力　手塚貴子
校閲　福田光一
DTP　㈱ノムラ

序章　声を上げ続ける検挙者たち

百三歳のメッセージ

二〇一八年五月十八日、東京・永田町の国会議事堂横にある衆議院第一議員会館の大会議室に二百人近い人たちが集まった。治安維持法違反の罪に問われた人やその家族、支援者たちが、国による謝罪や賠償、実態調査を求める国会請願行動である。

この請願活動は一九五三年に始まり、これまでに活動に賛同するのべ九百五十万人分の署名を集めて国会議員に届けてきたという。取材班が会場を訪れたのは、治安維持法によって検挙された当事者に話を聞くためだった。「悪法」とも言われる治安維持法で裁かれたのはどのような人たちで、なぜ戦後七十年以上たったいまになっても訴えを続けるのか、生の声に触れてみたかった。

集会が始まると、車いすの男性が司会者に促され、杖《つえ》をつき立ち上がって語り始めた。百三歳の杉浦正男《すぎうらまさお》さん。太平洋戦争が始まった翌年の一九四二年、東京で非正規の印刷工として働いていたときに検挙された。

当時二十七歳だった杉浦さんは、いつ解雇されるかわからない雇用の不安定さを解消するため、同じ非正規の印刷工の仲間たち千五百人ほどを集めた親睦会を結成。スポーツや俳句などで親交を深めつつ仕事を分け合っていた。その活動が、治安維持法違反の罪に問われたという。

杉浦正男さんは、76年前の自身の経験を語った

「私が印刷工だった若いときは［生活の］自由が全然ありませんで、一週間かひと月雇ってもらえればいいという労働環境でした。やむを得ず親睦会を作って、お互い仕事を世話しながら働いていました。それが唯一の生きる道だったんです。ところが、私はその活動のために、三年の実刑を受けました。理由は何かと言えば、『集まって相談しながら職を譲り合う。その集まるということ自体が、治安維持法に反している』と。治安維持法の条文にありますように、皇室の尊厳を損なうとか、資本主義をどうこうとか、そんなことは考えもしなかった。ふつうの活動にもかかわらず、片っ端から逮捕され、獄中にぶち込まれた。私たちはそういう世の中に再びしてはいけないと考えるわけです」

杉浦さんは、しゃがれた声を絞り出すように話し続けた。百三歳になってもなお、人前に立ってマイクを握る姿は、治安維持法が人々に与えた爪痕の深さを物語っていた。

獄中にいるとき、妻は亡くなった

集会の後、私たちは改めて杉浦さんに話を聞くことにした。介助者に付き添われた杉浦さんは、あいさつを交わす間にも何度か咳《せ》き込み、その都度呼吸を整えなければならなかった。それでも少しずつ記憶をたどりながら、自身の体験を語ってくれた。

「女房の実家が、自宅の近くでお茶屋をやっていました。そこで夕飯を食べていたら、神奈川県の特高警察が来ましてね。そのままパクられたの。特高は、『なに、すぐ帰りますよ』と家の者に安心させてね、私の家に立ち寄って本を全部包んで、神奈川警察に私を連れていきました。それまでは慇懃《いんぎん》で丁重だったのが、警察署に行ったとたんに柔道場へ連れていかれて。そこには木剣と竹刀を持ったおまわりが五、六人待っていて、何も言わず、そこからは滅茶苦茶です。滅茶苦茶にぶん殴る、蹴飛ばす。拷問ですよね。それが何の意味で行われているのか、説明はまったくない。半殺しにされて、ブタ箱にぶち込まれたの」

「特高」とは、当時の内務省警保局（一九四七年まで存在した、警察を管轄する部局）が管轄していた「特別高等警察」の略称である。警察が通常扱う窃盗や傷害といった犯罪ではなく、国や政治に不満を持ち、現状を変革しようとする運動を取り締まる役割を担っていた。特に重視したのが、実際に変革が起きてしまう前に未然に防ぐことであり、危険とみなした人物や組織はたとえ暴力行為などで社会に実害をもたらしていなくても、「犯罪者」「犯罪集団」として検挙した。

その際、検挙者の行為を「犯罪」とする根拠となった法律が治安維持法だった。たとえば杉浦さんは、取り調べで次のように「犯罪」の事実を確認されたという。

「三十人くらい仲間を同時にパクっているでしょう。取り調べでは、仲間の方から『杉浦さんからこういう本を借りた』と事実を持ってくるわけです。それは確かに貸したから、悪いとも思わないで、『ああ、そうだ』と答えました。レーニンの本とか、吉野源三郎《よしのげんざぶろう》の『君たちはどう生きるか』とか。そういう本を読ませたことは事実だから。それが、治安維持法違反なんですよ」

仲間に本を貸したことがなぜ罪となるのか。追って明らかにしていくが、結果、杉浦さんは懲役三年の実刑判決を受けることになった。こうして戦時下の刑務所に入れられた杉浦さんに、追い打ちをかける出来事が起きる。

当時、杉浦さんには結婚したばかりの妻がいた。妻の富子《とみこ》さんは杉浦さんが検挙された直後に子どもを出産。空襲が激しくなる中、東京に残って仕事をしながら獄中の杉浦さんに差し入れを続けていた。しかし、あるときを境に、富子さんはぷっつりと面会に来なくなったという。

「自宅は東京の江東区の深川にありました。私がパクられていたので、妻は東京を離れるわけにいきませんでした。それで友達のところで仕事をしながら子どもを産んだんです。けれども、空襲が激しくなってね。危ないっていうんで、子どもだけは静岡県の妻の故郷へ預けて、それで妻は東京で頑張っているときに、一九四五年の三月十日の空襲でやられてしまったんですね」

この東京大空襲で二十七万戸の家が焼け、十万人が焼死した。しかし獄中の杉浦さんたちには外の情報はほとんど伝わらず、ただ妻の面会がなくなり、手紙が途絶えた。杉浦さんが富子さんの死を知ったのは、空襲から一か月が過ぎた四月のことだった。

「ある日、獄中で教誨師《きょうかい》に呼ばれたんです。何を言うかと思ったらね、本当は君のお母さんが話さなきゃならないんだけれども、『とても自分では言えないから、教誨師さんから話してくれないか』って。で、女房が逝《い》ったと。ああ、それで面会にも来なくなっていたのかと。『ああ、死んだのか』。目の前が真っ暗になりましたね。本当に真っ暗になって、それでもなぜか泣けないような、そういう状況でしたね。ただ、教誨師の所から帰ってくるとき、やけに桜が満開で……。それを見て『ああ……』ってがっくりしましたね」

杉浦さんは終戦を迎えるまでの三年間、刑務所での暮らしを余儀なくされた。戦後は組合活動などに従事したが、富子さんや、ともに刑務所に入り獄死した仲間を忘れることはなく、米寿を過ぎて組合の活動が落ち着いたころから、国による謝罪を求める請願に本格的に参加するようになったという。

請願を主催する治安維持法犠牲者国家賠償要求同盟では、杉浦さんのように自らの処分を不当だと感じる人たちが集まって活動を続けてきた。しかし近年、請願の中心となってきた当事者が次々に亡くなり、その数は激減している。二〇一八年の請願に立ち会った当事者は杉浦さんの他に二人だけだった。

「はじめに」でも述べたとおり、治安維持法がどれだけの人にどのような影響を与えたのか、運用の全体像に関する検証はこれまで十分に行われてきたとは言いがたい。刑法学者で九州大学名誉教授の内田博文《うちだひろふみ》氏は、特に、運用当事者である国の検証作業がほとんど行われていないことを指摘する。結果として、杉浦さんのように現在に至っても検挙の不当さを訴え続ける人たちがいるだけでなく、声を上げることすらできずにいる人たちも少なくないという。

「私が治安維持法を研究する過程で、検挙された当事者やご遺族の方にお話を聴かせていただきたいとお願いしたところ、非常に厳しいお答えが返ってきたのです。おそらく、検挙された方々は戦後も有罪だという扱いを社会的に受けてきたのだと思います。名誉は回復されず、被害救済もされていない状態で、ひっそりと声を上げられずに過ごしてきた。そういう方々にとって、治安維持法はいまも生きていると思うわけです」

なぜ多くの人が不当と感じる処分をもたらすような法律が成立し得たのか。誰が何の目的で、どのようにして作ったものなのか――。

まずは治安維持法が誕生するまでの過程をひもといていこう。

治安維持法の目的

治安維持法が制定されたのは、大正時代末期の一九二五年のことだ。法の成立に大きな役割を果たした当時の内閣の動きから見ていきたい。

大正デモクラシーのさなかにあったそのころの日本は、議会を重視し、民意を政策に反映させようとする「政党」による内閣と、「政府の政策は政党の意向に左右されてはならない」とする明治維新以来の「藩閥、官僚」中心の内閣との間で政権交代が繰り返されていた。

このうち、治安維持法の法案が提出されたときの政権は、憲法に基づく政治を目指す

「護憲三派」と呼ばれた三つの政党、立憲政友会・憲政会・革新倶楽部からなる加藤高明《かとうたかあき》内閣だった。この加藤内閣は「政党」が旧来の「藩閥、官僚」勢力に選挙で圧勝して誕生した連立政権で、当時としては〝民主的〟な性格を持つ内閣だった（ただし、当時選挙権は直接国税三円以上を納税した二十五歳以上の男性に限られていたため、収入が少ない人や女性の意見が反映されていなかったことには留意しなければならない）。

治安維持法の法案はその加藤内閣によって、二月十九日に第五十回帝国議会の衆議院本会議に緊急の案件として議題に加えられ、約三週間にわたる審議の結果、賛成多数で可決、本会議を通過した。その後、皇族や華族などの勅任議員で構成されていた貴族院でも大きな反対を受けることなく可決、四月二十二日に公布された。

このように、治安維持法を成立させたのは特定の権力者の意向だけで政策が決められる独裁政権ではなかったことは確認しておく必要があるだろう。では、加藤内閣は何のために治安維持法を作ろうとしたのか、その目的を見ていこう。七条からなる条文のうち、最も大きな意味を持つ第一条の内容は、次のようなものだった。

第一条

国体を変革し、又《また》は私有財産制度を否認することを目的として結社を組織し、又は情

を知りて、これに加入したる者は十年以下の懲役又は禁錮に処す

条文を現代の言葉に直して補足すると、次のようになる。

「国体」つまり天皇制を変革することや、「私有財産制度」つまり資本主義を否認することを目的として、政党などの継続的な団体である「結社」を作った者、あるいはその結社の目的を知っていながらそこに加入した者は、十年以下の懲役または禁錮に処される。

この「結社」とは、具体的にはどのような政党や団体を指しているのか。当時の内務大臣で後に首相となる若槻禮次郎《わかつきれいじろう》は、二月二十六日に行われた第五十回帝国議会の衆議院の委員会における質疑応答で、治安維持法は無政府主義や共産主義を掲げる結社、つまり、天皇制や資本主義を変革しようとする社会主義政党を想定していると説明した。司法大臣の小川平吉《おがわへいきち》は同じ議会で、想定される適用対象をより具体的に明らかにしていた。

「我国に於《おい》ても、共産党なるものが組織せられると云《い》う次第である。［中略］今日まで我が帝国に於て、類例なき、想像だも出来なかった所の最も危険なる状態を発生して参った。此《この》危険は国家の為《た》め、社会の為めに防衛しなければならぬ」

（第五十回帝国議会　衆議院　治安維持法案委員会　第一回、一九二五年二月十九日）

治安維持法は主に、当時の日本で急速に影響力を伸ばしつつあった共産党を取り締まるために作られたのである。

では〝民主的〟な政党が集まっていたはずの加藤内閣が、なぜ治安維持法という新たな法律を作ってまで、一政党である共産党を規制しようとしたのか。歴史学者の荻野富士夫氏は、この八年前から始まっていた世界的な変化の潮流が、日本の為政者たちにある危機感をもたらしていたと指摘する。

「第一次世界大戦が引き起こした君主制の危機が、世界各国で認識されるようになってきました。まずロシア革命によって君主制が倒れ、続いてドイツの君主制も倒れた。政府は日本にもそれが波及してくるのではないかと、天皇制の存続に対する危機感を強めたのだと思います」

小川平吉（写真・毎日新聞社）

ロシア革命と米騒動が示した〝民衆の力〟

一九一七年、第一次世界大戦中のロシアで、深刻な食糧不足などに悩む労働者・兵士たちが帝政と戦争継続に反発、革命を起こす。民衆と軍の一部が団結して皇帝を追放し、世界で初めて共産主義国家を目指す政権を誕生させた。翌年にはドイツでも革命が起き、民衆の力が君主制に危機をもたらすことが世界的に認識されるようになっていく。

天皇を君主としていた日本もその例外ではなかった。このころ国内では、大戦景気で商機を得、莫大な富を手にした一部の資本家が「成金」と呼ばれる一方で、民衆は物価の高騰に苦しみ、深刻な格差が広がっていた。

生活の改善を求める労働争議や小作争議が頻発する中、日本政府が運動への危機感を一気に強めるきっかけとなったのが、ロシア革命の翌年、一九一八年に日本各地に広がった米騒動だ。この年、社会主義国家の増加を恐れるイギリスなどの要請を受けて、日本政府がシベリア出兵を決めると、軍隊による米の需要を当て込んだ商人や投機家たちによる買い占めが横行。米の値段が急騰し、民衆の生活は困窮を極めていった。

同年七月、富山県で漁師の妻たちが輸送船への米の積み出し中止を求めたことなどをきっかけに、米の安売りを求める民衆が商人や地主、精米会社を襲い、警官隊と衝突。騒動は各地に飛び火し、東京、大阪をはじめ全国で七十万人を巻き込む大騒乱となった。最終的には、当時の寺内正毅《てらうちまさたけ》内閣が責任を問われ、総辞職に追い込まれる事態にまで発展した。

政府は、こうした民衆の動きが共産主義などの思想と結びつき、天皇制や政府の転覆を目指す革命へと向かうことを恐れた。実際、米騒動の後には労働組合が次々に結成され、騒動の翌年には一年間で二千三百八十八件もの労働争議が発生するなど、民衆による運動の勢いは最高潮に達していた。

一九二〇年十二月には共産主義や無政府主義など、広い意味で社会主義と呼ばれる考えを持つ人たちが協力し、日本社会主義同盟の創立大会が開かれた。入会申込者は三千人を数え、社会主義思想は民衆の間に着実に勢力を伸ばし始めていた。

荻野富士夫氏は、米騒動を発端とした急激な運動の盛り上がりが、日本政府を新たな法律による思想の取締りに向かわせたと指摘する。

「政府の取締当局は、当時過激思想や赤化《せっか》思想と呼ばれた共産主義が日本へ流入してくることを恐れ、それを防がなければいけないと考えました。そこで、すでにそういう「一定の思想や結社などを取り締まる」治安立法を行っている欧米各国の法案を学習しながら、その準備を進めたわけです」

既存の法律では民衆の思想を抑えられない

このころ、日本にはすでに、政権や天皇制を脅かす恐れのある思想を規制することができる明治以来の法律があった。治安警察法、出版法、新聞紙法といった法律である。しかし政府は、これらの法律だけでは民衆への思想の広まりを取り締まりきれないと考えるようになっていた。何が欠けていると認識されていたのか、それぞれの法律の内容を簡単に見ておこう。

治安警察法とは一九〇〇年に制定された法律で、政治結社（政党）や政治集会、もしくはデモを行おうとする者に警察への届け出を義務付けるものだった。届け出をせずに作られた結社は「秘密結社」として処罰の対象となり、違反者には最大で六か月以上一年以下の軽禁錮が科された。条文は次のような内容を含んでいた。

第八条
安寧秩序を保持する為必要なる場合に於ては警察官は屋外の集会又は多衆《たしゅう》の運動若《もし》くは群衆を制限、禁止若は解散し、又は屋内の集会を解散することを得

この法律の最大の特徴は、運用する側に大きな裁量の余地が与えられていたことだ。集会の届け出を受ける警察官には、望ましくない（と彼らが考える）集会を禁止・解散させる権限が与えられた。結社についても「安寧秩序を保持する為」、必要な場合に内務大臣

が禁止することができるとされた。これにより、社会主義者による大衆への演説などが取り締まられた。

出版法（一八九三年）や新聞紙法（一九〇九年）は、テレビやインターネットがなかった当時、人々に意見を伝える手段だった新聞や雑誌、書籍などのメディアを規制し、市民の思想を取り締まるための法律だった。出版法には次のような条文がある。

第十九条
安寧秩序を妨害し、又は風俗を壊乱するものと認むる文書図画を出版したるときは、内務大臣に於て其《そ》の発売頒布を禁じ、其の刻版《こくはん》及印本《いんぽん》を差押うることを得

出版物は、官庁への納本など法で定められた手続きを踏んだもののみ刊行され、手続きを欠いたものは内容にかかわらず内務大臣が流布を禁止できた。また、出版物の内容について、「安寧秩序を妨害」「風俗を壊乱」すると認められた場合、発売頒布は禁止された。実際の運用では、内容に問題があるかどうかの判断は警察に委ねられ、言論を制限する絶対的な権力が与えられていた。

これらの法律によって、当局は明治から大正前半期にかけては社会主義思想を十分に取

り締まることができていたのだ。ところが、米騒動後の運動の盛り上がりは従来の法律の枠組みを超える新たな事態を生み出しつつあった。

取締当局が治安警察法の問題点と考えたのは、刑罰の軽さだった。「六か月以上一年以下の軽禁錮」を覚悟してでも秘密結社を作り、運動に踏み出そうとする人たちが現れ始めたのだ。一九二〇年代には各地で秘密結社が摘発されるようになり、取締り側に厳罰化の必要性を痛感させた。

一方、出版法や新聞紙法の限界とされたのが、問題となった出版物の流布を禁止するまでのタイムラグだった。たとえばある書籍や新聞が、警察のチェックを受けずに直接人々に配布された場合、後からいくら回収して処罰したとしても、すでにそこに書かれたことは人々に知られており、その内容が広まることを防げないからだ。

こうして、明治以来の法制度に限界を感じた政府は、新たな治安法の制定へと向かっていった。

狙われていたのは表現の自由だった

ここまで、治安維持法の成立に至る時代背景を見たが、もう一つ触れておきたい。実は、新たな法案を検討し始めた政府は当初、治安維持法よりも自在に運用することができる法律を作ろうとしていたのだ。このことは、同法がなぜ成立したかを考える上で重要な意味を持っている。

一九二二年、内務省と司法省は高橋是清《たかはしこれきよ》内閣の下で、三年後の治安維持法成立へのステップとなる過激社会運動取締法案（以下、過激法法案）を提出した。この法案は、共産主義など社会主義の取締りを目的としている点で治安維持法と共通していたが、犯罪とする対象が大きく異なっていた。治安維持法は共産党などの「結社」を対象としていたのに対し、過激法法案は「宣伝」を対象とするものだったからだ。では「宣伝」とは具体的にどのような内容を指すのか、提出された法案を見てみよう。

第一条

無政府主義、共産主義其の他に関し朝憲を紊乱《びんらん》する事項を宣伝し、又は宣伝せむとしたる者、又は其の事項を実行することを勧誘し、若はこれに応じたる者は七年以下の懲役又は禁錮に処す

前項の事項を実行することを勧誘したる者又は其の勧誘に応じたる者の罰前項に同じ

第二条

前条第一項の事項を実行又は宣伝する目的をもって結社、集会又は多衆運動を為《な》した

る者は十年以下の懲役又は禁錮に処す
第三条
社会の根本組織を暴動、暴行、脅迫其の他の不法手段に依《よ》りて変革する事項を宣伝し又は宣伝せむとしたる者は五年以下の懲役又は禁錮に処す
（過激社会運動取締法案、奥平康弘『治安維持法小史』所収、岩波現代文庫）

この法案に対して、当時の学者や大新聞をはじめとするメディアは激しい反対運動を繰り広げた。反対の主な理由とされたのが、条文中に「無政府主義」「共産主義」「其の他」「朝憲を紊乱」「社会の根本組織」など曖昧な文言が多いことだった。「朝憲」が何を指すのか、どのような行動を取ると「紊乱」したことになるのか。その判断が取締り側の裁量一つに委ねられれば、表現の自由を脅かしかねないという懸念が表明された。さらに「宣伝」とされる行為の定義が明らかでなく、濫用の危険性が大きいという批判の声も上げられた。
治安維持法研究で知られる戦後の憲法学者、奥平康弘《おくだいらやすひろ》はその著書の中で、過激法法案は個別の文言の曖昧性よりも、「暴動」などをともなわない「宣伝」、つまり一般市民の表現行為や、それを目的とする結社・集会を罪としようとしていることが問題だとして、次

のように分析している。

暴動などの物理的・外形的な行為とかかわりのない、表現行為・結社行為を——その目的やその性質のゆえに——鎮圧しなければならないと説いているわけである。別言すれば、表現の自由、集会・結社の自由に属する領域で、刑罰権を確立すべきだと論じているのであって、これは近代的な刑法体系への大胆な挑戦にほかならない。

（『治安維持法小史』。以下、『小史』）

結局法案には野党だけでなく、与党内部からも反対の声が上がり、さらには世論からの激しい批判にもさらされ、衆議院で審議未了となり廃案となった。しかし弾圧へとつながりかねない表現行為の規制は、後に治安維持法が運用されていく中で形を変えて実現されることになる。

ここで注目すべきは、過激法法案の廃案を受けた政府が、議会を通すことを目指して条文の修正を進めたことだ。結果的に、治安維持法は過激法法案を〝改良〟したものとして成立する。

そして、治安維持法は成立した

治安維持法案が提出される二年前の一九二三年、堺利彦《さかいとしひこ》、佐野学《さのまなぶ》、荒畑寒村《あらはたかんそん》、近藤栄蔵《こんどうえいぞう》らによって秘密裏に結成されていた日本共産党の党員が、治安警察法違反で検挙される第一次共産党事件が起きた。共産党はこれを受けて解党を宣言したものの、政府は活動の再開に強い懸念を抱き続けていた。

そうした中、二五年の普通選挙法の成立が間近に迫ると、政府は選挙によって共産主義者が勢力を伸ばすことを現実の課題として恐れるようになっていった。さらに同じ時期、日本はロシアとの国交正常化を進めていたことから、ロシアの共産主義組織との交流がますます活発になり、国内の共産主義運動が再燃すると予測された。

前述したように、二二年に過激法法案が不成立に終わってから、政府当局、具体的には司法省と内務省が議会で指摘された問題点を克服すべく、文言の修正を重ねていた。二三年には関東大震災後の民心不安を名目に緊急勅令「治安維持の為にする罰則に関する件」（治安維持令）を公布。治安維持法への橋渡し的な役割を果たした。一連の過程を経て完成したのが、本書の二十三、四頁で見た治安維持法の条文である。ただ一点、法案の段階では「国体を変革」の部分が「国体若は政体を変革」とされていた。

議会において立案を担当した政府委員は、過激法法案の条文中で曖昧だと指摘を受けていた「朝憲を紊乱」や「社会の根本組織を……変革」などの語句を、それぞれ「国体若は政体を変革」「私有財産制度を否認」と極めて限定的なものに変え、曖昧な文言を排除したと説明した。同様に、前回処罰の対象にしようとした「宣伝」行為については、その取締りを治安警察法や出版法などもともと存在する法律に任せ、今回は「結社」行為に的を絞ったとした。

帝国議会の審議では衆議院で「若は政体」の文言が「議会制度などを、議会での議論を通じてより良い形にすることは規制されるべき事柄ではない」と批判され、削除された。しかし、その他の文言は変更されることなく可決。その後貴族院でも大きな反対がないまま可決され、成立した。

ここで疑問が生じるのは、「政体」という語が削除される一方で、後にさまざまな解釈がなされる「国体」という概念が生き残ったことだ。議会での議論を確認すると、天皇制を表すこの言葉は当時ことさらに神聖視されていたことがわかる。国体の定義や文言の是非については、多くの議員が「できれば触れたくない」「申すのも恐れ多い」と発言するなど、議論そのものが避けられていた。

荻野富士夫氏は、当時の人々の間に「治安維持法の導入は国体変革の予防のためには致し方なし」という空気があったと指摘する。

「天皇に危害を加えるような不逞《ふてい》の輩《やから》が取り締まられるのは当然である、という認識は当時の国民の間にも広く共有されていたと思います。大多数の人にとっては、それは異論のあるところではなかった。すでに、ロシアではソビエトが成立しており、そうした過激な思想を取り締まらなければいけないという点においても、大多数の人たちは必要性を認めていたと言えます」

当時の人々が社会主義者を「不逞の輩」と認識していた背景には、取締当局による危険思想としての社会主義のフレームアップや、報道の影響もあった。一九二三年に起きた、非合法活動下の日本共産党が検挙された第一次共産党事件はマスコミに大きく喧伝され、共産主義者を「国賊」とみなす世論を定着させた。

また同年十二月には、無政府主義者の難波大助《なんばだいすけ》が皇太子（後の昭和天皇）を襲撃する虎ノ門事件が起きる。難波が左派の論壇紙を愛読していたことから、当局はこの事件を社会主義と結びつけて発表し、マスコミも同様に書き立てた。報道が国体転覆への危機感を国民に煽《あお》り、治安維持法成立を後押しする結果となった。

こうして治安維持法は「無政府主義や共産主義の結社」、現実的には共産党の取締りに限定したという建前で、一九二五年四月に施行された。

しかしそもそも、特定の思想を法律で取り締まってよいのかという根本的な問題が存在することを指摘しておかなくてはならない。本書でも後にその点に触れるが、まずは次章より、ここから始まる治安維持法の二十年間の運用に焦点を絞って見ていきたい。

そして国内だけでも七万人に迫る人々が検挙され、私たちが国会請願で出会った杉浦さんのような人々がなぜ巻き込まれていったのかについても検証する。

第一章　拷問された少女と一人の特高
——三・一五事件

データから見えてきた検挙者数の推移

今回、取材班が治安維持法の二十年間の運用を分析するために用いた資料は、主に法の運用に携わった警察と検察の公文書の復刻版である。国内全体の検挙者数の推移については『現代史資料45　治安維持法』（奥平康弘編、みすず書房）、『治安維持法関係資料集』（荻野富士夫編、新日本出版社）の数字を参考にした。

さらに、それぞれの年の地域別の検挙者数については、内務省警保局が編集していた、『社会運動の状況』復刻版（三一書房）を参照した。地域別の数字が集計されているのは一九三〇年以降からで、それ以前は確認できていない。

左頁のグラフは日本国内における検挙者数の推移をまとめたものである。検挙者数は二十年間で、のべ六万八千三百三十二人に上っている（治安維持法違反の容疑を見込んで後に述べる行政執行法や警察犯処罰令で捕まることも多く、実際はこの何倍もの人たちが警察に連行されたという指摘もある）。

検挙者数は単純に右肩上がりに増えているわけではない。施行四年目の一九二八年以降、急激に増加し三三年にピークを迎える。翌三四年には三分の一以下に激減し、以降終戦までほぼ横ばいに推移していく。この一様でない変化は何を意味しているのか。

歴史学者の荻野富士夫氏は一九二八年から三三年までの六年間にわたる検挙者数の急激

図　日本国内における治安維持法による検挙者数の推移

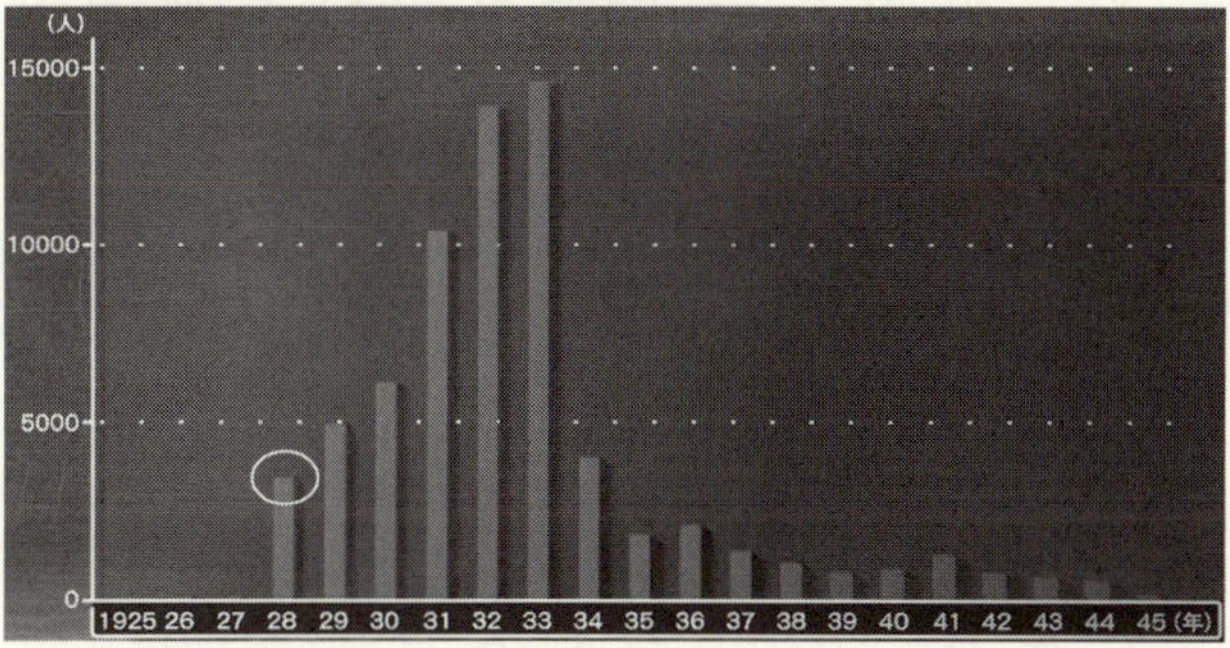

な増加について次のように指摘する。

「急増した背景に注目すべきでしょう。加えて、当初目的としていた共産党に対する取締りはどの程度行われていたのか。検挙者数の中に占める割合をきちんと確認しておくことも大事だと思います」

一九二八年、検挙者数は前年の二十人から、三千四百二十六人と一気に百五十倍に激増している。この年、治安維持法による初めての大規模な一斉検挙が行われていたのだ。

三・一五事件――初めての大規模一斉検挙

一九二八年三月から四月にかけて起きた、三・一五事件は全国で共産党の関係者千六百人余りが捕まった大事件だった。共産党は一九二三年に秘密結社として摘発され、一度は解党宣言をしていたが、三年後の一九二六年に再び非合法の秘密結社として再建されていた。一つの事件で千六百人もの人が捕まるのは、現代ではまずあり得ないことを考えると、その規模の大きさがわかるだろう。

刑法学者の内田博文氏は、この事件で行われた全国的な一斉検挙にこそ新たな治安法としての治安維持法の特徴が表れているという。

「治安維持法について考える際の重要なポイントが、結社の規制です。それまでの法律は、主に［個々の］言論規制の色合いが強かったのですが、治安維持法の場合は特定の集団や人の集まりを一網打尽にするかのように取り締まった。一人ひとりを検挙し起訴して有罪判決を取るよりは、そもそも結社全体を消滅させることを目標としていたのです。各地で一斉検挙を行った理由も、その点にあると思われます」

「一斉検挙」はどのように行われ、そこで何が起きていたのか。三・一五事件の実態を描くにあたり、私たちは当時の関係者を探して証言を得ることを目指した。しかし、九十年前の事件で検挙された人を見つけられる可能性は極めて低かった。

何か良い術《すべ》はないか、治安維持法検挙者のデータベースを作成する西田さんに問い合わせたところ、有力な手がかりを提供してくれた。当時十四歳で検挙された女性が現在も存命と聞いたことがあるというのだ。

データベースの情報によれば、女性は一九二八年四月に検挙され、釈放されたのは翌五月。およそ一か月にわたって取り調べを受けていたと推測される。

いまの中学生に当たる年齢の少女が、なぜ共産党員を対象とする治安維持法で検挙されたのか。私たちは西田さんの知人の仲介で、この女性のご家族と連絡をとることができた。当初「当時のことを思い出させたくない」と取材に難色を示されたが、「三・一五事件の当事者はおそらく日本中を探しても他にいない」という事情を伝え、説得を重ねた。結果、「本人の経験が何かの役に立つのであれば」と取材を許された。

共産主義者の娘

高齢者介護施設の玄関にある自動ドアが開き、大竹一燈子《おおたけひとこ》さんは家族が押す車いすに乗って現れた。三・一五事件で検挙された当時十四歳の少女は、百五歳となっていた。

あいさつをすると、娘の和子さんが大竹さんに耳打ちをして私たちの来訪を伝え、大竹さんはこちらを見て無言で会釈した。最近耳が遠くなり、会話にはサポートが必要だという。施設の入居者を驚かせたくないとの意向を受け、よく散歩するという河川敷のベンチで話を聞くことにした。

「これがお母さんでしょう。これは誰？」

和子さんと息子の雄介さんは母親の記憶を呼び起こそうと、大竹さんが子どものころに

大竹一燈子さんは、娘の和子さんの質問に訥々と答えた

大竹さんの家族写真

撮影した家族写真を見せている。白黒の写真の右端には、表情にあどけなさの残る大竹さんが立っていて、隣には和装の凛《りん》とした女性が居住まいを正して座っていた。大竹さんの母、九津見房子《くつみふさこ》さんである。その左には口ひげを蓄えた男性が立っていた。大竹さんは男性をじっと見つめたあと、ぽつりとつぶやいた。

「三田村……」

「三田村」とは当時共産党の幹部として組織の拡大に奔走した三田村四郎《みたむらしろう》のことで、大竹さんは三田村の義理の娘だった。母の房子さんは日本で初めてとなる女性の社会主義団体「赤瀾会《せきらんかい》」の中心メンバーだった活動家で、大竹さんを産んだあと、前の夫と離縁し運動を続けていた。そうした中、三田村と知り合って再婚し、共産党員として非合法活動に身を投じていった。

大竹さんは両親が活動家であることは理解していたものの、共産党員であるという事実は知らされていなかった（後に自宅で刷っていた機関紙に「共産党」の文字を見つけ、悟ったという）。

当初住んでいた東京では当局の目を避けるための地下生活を余儀なくされ、学校に通うことはできなかった。本名を名乗ることもできず、「勝子」という偽名を使って生活していた。大竹さんは党員の娘として暮らしていた事実を、自分の子どもたちにきちんと話すことはなかったという。

和子さんと雄介さんは次のように回想した。

「ほとんど聞いたことないわね。聞いていたのは小学校を何回も変わったとか、いろいろなところに預けられたとか。ずっと本名を名乗ったことがないとか……」

「情報はできるだけ埋没させて、別の名前で就職したり、履歴書を出したりしていたらしいね。全部証拠になってしまうから。知り合いの人の名前を借りてバスの車掌さんをやったり。何て言うのでしょうか……」

「共産主義者の娘だということでね」

少女は連行され、拷問を受けた

娘の和子さんが筆談用のホワイトボードを取り出し、三・一五事件当時の様子についての質問を仲立ちしてくれた。「『母親の房子さんは』どこの刑務所にいたの？」という問いかけに、大竹さんがつぶやいた。

「札幌……」

三・一五事件の直後にまとめられた北海道庁特高課の内部資料「北海道に於ける日本共産党事件顛末」（荻野富士夫編『特高警察関係資料集成』第四巻所収、不二出版）によれば、大竹さんが検挙されたのは一九二八年四月八日の札幌となっている。当時一家は北海道札幌市に引っ越し、党の協力者を増やすため仲間と連絡を取り合いながら生活していた。
警察がやってきたのは、義父の三田村が連絡のため東京へ発《た》った翌日のことだった。大竹さんは、そのときの様子を手記に残している。

「電灯会社のものです。ちょっと配線を……」といいながらどやどやと三人の男が座敷に上ってくる。私たち二人だけと見ると、立ちはだかったまま、「警察のものだが」と言葉だけはまだおだやかに、本籍、前住所、職業など矢つぎ早に問いかけた。母は一応丁寧に答えていたが、結局「ちょっと一緒に来てくれ」ということになった。［中略］「とにかくご飯を食べて……」と母が言いかけたが、男たちは「いや、すぐ帰りますから」と制し、お嬢さんもいっしょにとつけ加えた。これは母には意外だったらしい。黙って私の目を見た。私は大きく目を見はって〝大丈夫〟の意を母に伝えようとした。
（大竹一燈子『母と私　九津見房子との日々』築地書館。以下、『母と私』）

大竹さんは母親とともに札幌警察署に連行された。二人は入り口で引き離され、母の房子さんは二晩にわたって取り調べを受けたあと、札幌刑務所に移された。十四歳の大竹さんは警察署内にとどめられ、両親の交友関係などについて執拗《しつよう》な取り調べを受けることになった。

「わかりません」「知りません」をくりかえすうち［中略］刑事は怒りに顔を赤くして怒鳴りはじめ、私の頬を何回かなぐった。立ち上って後ろに回り、腕をねじ上げ、お下げの髪をつかんでひっぱった。また、後頭部をつかんで押し伏せ、私のおでこをぐいぐいと畳にこすりつけた。［中略］頬ひげの男はやさしげな声音で「ちょっと手を出してごらん」と言った。テーブルの上に出した私の片手をやわらかく取ったと思うと、いきなりかたわらにある鉛筆を私の指にはさみ、大きな手に力をこめて握った。骨が折れるかと思うほどの痛さに、私はワッと泣き出した。

（『母と私』）

書類の上だけの釈放

当然のことながら、当時の日本においても拷問は違法な捜査手法だった。さらにこのとき、警察は大竹さんに対し不当に長期間にわたる取り調べを行ったという。

看守の一人［中略］が、「ちょっと来てくれや」と私を呼んだ。ひとつづりの書類をさし出し、その一枚一枚に署名して拇印《ぼいん》を押せというのである。その書類を見てはじめて、私は〝保護検束〟されているのだということがわかった。ところでこの〝保護検束〟というのは二十四時間をこえてはならないことになっており、ほんとは私は毎日でもいったん家に帰され、また連れてくるという形式をふまなければならないのだそうである。「まあ、そうもできないが、書類だけはかたちをととのえ本人の署名捺印をとっとかなくてはならん。十枚ほどもたまってしまったからちょっと片づけてくれや」というのである。

（『母と私』）

「保護検束」とは、行政執行法（一九〇〇年）に定められたもので、「泥酔者、瘋癲《ふうてん》［精神障害］者、自殺を企てる者、其の他救護を要すと認むる者に対し」警察が司法の承認を経ることなく、身体の自由を拘束できる制度である。

もう一つ、「予防検束」という制度もあり、これは「暴行、闘争、其の他公安を害するの虞《おそれ》ある者に対し」その予防のために適用するとされた。しかし実質は、検束すべきかどうかの判断は警察官の判断に一任されたため、警察では疑わしい人物をひとまず保護検束もしくは予防検束して取り調べることが日常化していた。

本来であれば、こうした検束は緊急時の異例の行政措置とされ、「検束は翌日の没後に至ることを得ず」として期間が一日のみに限定されていた。しかし大竹さんの手記でも明らかなように、警察は書類の上だけで釈放と検束を繰り返し、実際には長期間検束を解かずに取り調べを続けていた。

行政執行法による検束の他にも、警察犯処罰令中の浮浪罪（一九〇八年）、違警罪即決例《いけいざいそっけつれい》（一八八五年）などが長期間の抑留を可能にするために使われた。浮浪罪は、「一定の住居、又は生業なくして諸方《しょほう》に徘徊する者」を三十日未満であれば拘留できるという法律であり、違警罪即決例は軽犯罪に対して、裁判を行わず警察内部での処理を可能とする制度だった。

『小史』によれば、警察はこれを利用し、拘束したい対象者を「一定の住居、又は生業なくして諸方に徘徊する者」と勝手に認定して逮捕し、違警罪即決例によって罪を「即決」して長期間の抑留を可能にしたという。

大竹さんへの拷問をともなう勾留は四十日間に及んだ。

特別高等警察とは何か

三・一五事件の捜査を主導したのが、特別高等警察・通称「特高」である。ここからは、荻野富士夫氏の著作『特高警察』（岩波新書）の内容を基に、特高がいかなる組織だったのか簡単に見ていきたい。

特高の源流は一八七四年、東京警視庁に設置された「安寧課国事掛《あんねいかこくじかかり》」であり、役割は「国法を犯さんとする者を隠密中に探索警防すること」と規定され、当時盛んになりつつあった自由民権運動などに対処していた。

二十世紀に入ると、安寧課国事係は一般の警察と一線を画す「高等警察」と改称され、労働運動や社会主義運動の取締りに重点を置くようになる。高等警察は、社会主義は国家の存在と相容《あいい》れないとみなし、治安警察法などの治安法を武器として取締りに邁進《まいしん》した。

そして一九一一年、当時の社会主義思想をリードしていた幸徳秋水《こうとくしゅうすい》らが天皇暗殺を企てたとして死刑判決を受けた大逆事件をきっかけに、社会主義者の監視強化のため高等警察から分離して設置されたのが特別高等警察である。

同じ年、内務省は警察向けに「特別要視察人視察内規」を制定した。これは、以前から監視していた対象を「特別要視察人」と改め、「一．無政府主義者　二．共産主義者　三．社会主義者　四．土地復権を唱うる者」を対象者とするリストを作り、監視を徹底するというものだった。

監視対象者のリストは、終戦直後の焼却処分を免れたごく一部が現在も国立公文書館に保管され、同館アジア歴史資料センターのデータベースで閲覧することができる。その一

特別要視察人名簿（国立公文書館所蔵）。その人物の情報が事細かに記されている

つ、一九四一年に岩手県特高課が作成した「特別要視察人名簿　甲　乙」を見てみよう。

　まず、氏名とともに顔写真が貼り付けられている。現住所や家族構成などの基本的な情報が記され、思想や人相、資産構成、性格、交際者の氏名や住所などと続き、別紙にその人物の過去の言動がびっしりと記録されている。

　ある男性の記述を抜き出すと、「人相：頭髪オールバック。極度の近視にして眼鏡を用う」「資産収入生活状態：本人資産なし。父は元鉄道員として恩給年金五百円を有し、中流の生活を営む」「性質：豪放磊落《ごうほうらいらく》を装うも陰険偏屈《いんけんへんくつ》なり」といった具合である。

　監視はマンツーマンのような形で行われ、尾行や手紙の開封など、あらゆる手段で集めた情報が警察の中で共有された。荻野富士夫氏は、徹底した監視の背景には一般の警察とは違う、特高警察特有の性質があったと語る。
「事件が起こったあとでは遅いとして、予防的に運動を抑える。特高は、言ってみれば『予防警察』としての性格が非常に強かったのです。思想犯の疑いがあると考える一人ひとりへの『視察取締り』を日常的に行いました。監視の目を人々の日常に向けて、網の目［のような監視網］を作ることによって運動を未然に抑え込むわけです。この特別要視察人制度を運用していく中で、特高に基本的な捜査のノウハウが備わっていき、それが三・一五事件で一挙に本領発揮したのだと思います」

いまも残る、特高の極秘資料

三・一五事件のきっかけとなった特高の捜査資料が学習院大学法学部・経済学部図書センターに保管されている。『秘密結社日本共産党事件捜査顚末書』は、全三冊からなる検挙前の膨大な捜査資料である。

後に治安維持法事件の捜査に辣腕《らつわん》をふるうことになる労働係の毛利基《もうりもとい》警部とその上司である浦川秀吉警部が作成したもので、当時の警保局長である山岡萬之助《やまおかまんのすけ》や鈴木喜三郎《すずききさぶろう》内務大臣の元に届けられた。

主たる内容は特高が潜伏させた、「A」「B」「C」「D」の四人のスパイからもたらされた共産党に関する極秘情報だ。報告ではまず、一度解党していた共産党が一九二六年十二月に再建したことが伝えられる。そして、スローガンとして、「君主制の撤廃」「宮庭《ママ》寺院地主等の土地の無償没収」などを掲げたことが記された。

これらのスローガンは国際的な共産主義組織でソ連と強いつながりのあったコミンテルン（一九一九〜四三年にモスクワに存在した、各国共産主義政党の国際統一組織）の方針を反映したものであり、中でも「君主制の撤廃」は治安維持法第一条の「国体の変革」に直接結びつく内容だったため、再建した共産党を治安維持法に違反する結社として浮かび上がらせた。七十人に上る党幹部の名前も報告され、そこには大竹さんの義理の父、三田村四郎の名前もあった。

資料では、共産党が市民の間に支持を広げていく実態が次々に報告されており、当局が次第に警戒を強めていく様子が読み取れる。そして三・一五事件の前月、一九二八年二月二十日に行われた第一回男子普通選挙で、状況が一気に動いていく。

同じ月、非合法政党だった共産党が党機関紙「赤旗《せっき》」を創刊して宣伝を開始。二十日に行われる選挙では党員を秘密裏に労農党員として立候補させるなど、政治の表舞台に躍り出た。さらに水面下では日本各地の労働組合や農民運動のグループに仲間を作り、あるいはメンバーを送り込んで全国的な組織に成長しているという実態も報告されていた。

これらの事実は、治安維持法を用いて全国の共産党員を検挙する絶好の機会を当局にもたらしつつあった。しかし特高は、東京・大阪の組織については党の主要メンバーを把握していたものの、地方都市についてはメンバーの名前や正確な人数などを明らかにできずにいた。

情報がそろわない中で翌月、三・一五事件の大検挙が決行された背景には、選挙の結果が影響していたとも言われる。選挙では、与党の政友会が入念な準備工作や他党への選挙妨害を行ったにもかかわらず、野党第一党で議会中心主義を掲げる民政党をわずか一議席しか上回ることができなかった。そして、合法的な社会主義政党であり、共産党が秘密候補を立てていた無産政党が初めて八議席を獲得した。

三・一五事件は当時の田中義一《たなかぎいち》内閣がこの選挙結果や選挙干渉への批判をかわすために計画されたという説がある。また、大検挙に向けた動きを周囲に悟られないよう、総選挙後の選挙違反への取締りだとカムフラージュできる日程で計画されたとも指摘されている。

告発された拷問

事件前日の一九二八年三月十四日、司法当局は全国三十一道府県に一斉検挙を指示した。特高は、翌十五日の明け方から各地の警官を総動員し、共産党との関わりが疑われる人物や組織を一網打尽にしていった。

そのため、およそ千六百人の検挙者の中には、大竹さんのように、本来、治安維持法の対象とならないはずの非共産党員も数多く含まれていた。荻野富士夫氏によれば、特に地方における当局の情報不足は、検挙後の取り調べ方法に影響を与えた可能性が高いという。

「具体的に誰が党員であるか、どこの組織にいるのかはわからないので、それぞれの地域の労働運動や農民運動などの中心的な指導者たちとその周囲の人を、かなり大ざっぱに芋づる式に引っ張ってきて取り調べをしたようです。その中に党員がいるだろうと考えたのでしょう。地方において拷問が非常に厳しく行われた背景には、党員であるかどうかを確定する手段が自白しかなかったこともあるのかもしれません」

三・一五事件での凄惨な取り調べの実態は、小説『蟹工船』で知られる作家の小林《こばやし》多喜二《たきじ》が同じ年、雑誌「戦旗《せんき》」（戦旗社）に十一、十二月号に分けて発表した小説『一九二八年三月十五日』に描写され、世に問われることとなった。

事件の翌年二月八日に行われた衆議院予算委員第二分科では、当時労農党の山本宣治《やまもとせんじ》議員が議会質問で、自ら調査した三・一五事件における拷問の事実を次のように暴露し、政府を厳しく追求した。

鉛筆を指の間に挟み、或《あるい》は此三角型の柱の上に座らせて、そうして其膝の上に石を置く。或は足を縛って、逆さまに天井からぶら下げて、顔に血液が逆流して、そうして悶絶する迄《まで》打っちゃらかして置く。或は頭に座布団を縛り附けて、竹刀で殴る。或は胸に手を当てて、肋骨の上を擦って昏迷《こんめい》に陥れる。或は又生爪を剝《は》がして苦痛を与える、と云うような実例が到る処《ところ》にある。

（第五十六回帝国議会　衆議院　予算委員第二分科）

山本宣治（写真・朝日新聞社）

これに対し、内務政務次官の秋田清《あきたきよし》が「山本代議士が御指摘になりましたような事柄、あのような［拷問の］事実が我が日本の警察行政の範囲内に於てあるかどうかと云うことについては、断じて之《こ》れ無しと申上げて宜しかろうと思って居る」と答弁すると（同右）、山本はさらに質問を重ね、少女だった大竹さんとその母、房子さんが受けた拷問の例を挙げた。

或る婦人の被告は、其取調の最中に於て、其被告の十五になる娘が、母親の見て居る前に於て、言語に絶したる辱《はずかしめ》を此取調の官吏から受けて、それを見て腸を断つ思をした。或は又其の女被告の鮮血に染まれる衣服の一点が残って居ったがそれが何処ともなく消えて行った。証拠が湮滅《いんめつ》されたと云うようなことで、其話を聞いて居る裁判官、それ等の方々も面を反《そむ》けたと云うような例すらある。
（同右）

治安維持法の廃止を訴えた山本はこの議会質問の一か月後、右翼によって殺害された。

九十年後のトラウマ

少女のころに受けた拷問について、大竹さんはおよそ半世紀後に手記を書くまでの間、子どもたちに一切明かすことはなかった。

最近、娘の和子さんは母親の介護をする中で、九十年前に受けた大竹さんの心の傷が癒えていないと感じる場面に出会うようになったという。「たとえば」と言って、和子さんは深い皺《しわ》が幾重にも刻まれた大竹さんの手を取り、語り始めた。

「爪を切るのをすごく嫌がって……。爪切りでパチンとやるたびに手をなでて、『大丈夫、大丈夫』と言ってあげないと切れないの。ものすごく恐がりで。こないだも爪を切っていたら手をバッと動かして、指を切っちゃったんだよね。痛い目に遭わされたりしたから。私も信用されていない」

手記の中で大竹さんは拷問について詳細に告白した。しかし三・一五事件の翌年に山本議員が議会で発言した「十五になる娘が、母親の見て居る前に於て、言語に絶したる辱を此取調の官吏から受け」たことについては否定している。

和子さんによれば、大竹さんは高齢になり怪我で病院に入院して以降、時々我を忘れたように暴れ出すことがあるという。

「大腿骨《だいたい》を骨折して手術をしたときのことです。ふだんは静かなんですが、麻酔が切れるときに特別室に入れられるくらい、ものすごく大騒ぎしたことがありました。お医者さんに、『もしかして、昔大竹さんは刑務所か何かに入っていたのですか』と聞かれたんですよ。それで、『ああ、拷問のことを思い出したのかな』と思って。夜中にパジャマを汚して着替えさせてもらうときにも大騒ぎするとか。九十年たってもフラッシュバックが出てくるんですね」

事件に関与した警察官の自伝

三・一五事件のとき、札幌の警察署で捜査に関わったという警察官の遺族が見つかった。大竹さんへの取材の一週間後、私たちは兵庫県神戸市内にあるマンションの一室を訪ねた。

八十四歳の谷岡健治《たにおかけんじ》さんは、背筋が伸びたかくしゃくとした男性である。北海道で高校の教師をしていたが、退職後に家族のいる神戸に移ってきたという。案内してくれた部屋は仏壇とベッドでほとんどのスペースが埋まっていて、寝床の上には数人の男女の遺影が壁に立てかけられて並んでいた。健治さんはそのうちの一つを手に取った。

「これがうちの父です。谷岡茂満《しげみつ》。頑固で筋を曲げないというのかな。怖かったですよ」

健治さんの父、谷岡茂満さんは一九二二年に北海道庁の巡査となり、札幌署や函館署で特高として現場を踏んだあと、終戦のころには北海道伊達市の伊達警察署長まで務めた。三・一五事件当時は二十八歳で、札幌の警察署で若手巡査として特高の手伝いに駆り出され、捜査を担当していた。

健治さんは、谷岡さんが署長時代に警察での仕事を振り返った二つの冊子を保管していた。一つは警察官としての異動や賞罰、捜査事件を記した「履歴書」。もう一つは、自らの半生を振り返ったもので、『自序』と名付けられた自分史である。

『自序』の頁を繰ると、原稿用紙には実直で几帳面な性格を思わせる見事な筆字がびっしりと書き込まれている。健治さんはその冒頭を指で示し、警察官のあるべき姿や職務へ

谷岡茂満さんの遺影

の誇りについて、谷岡さんが記した持論を朗読した。

警察使命の大眼目たるや、治安を確保し民心の動向を常に国家の進展目標に導き、［中略］真に皇国警察官たるべく決意し、［中略］その職位に挺身《ていしん》し微力を国家に捧げ得たり。しかして警部補、警部と累進し顧みて明鏡止水の感に遇し得るは、けだし百万の財を成したるに優る欣快事《きんかいじ》［うれしいこと］たり。

「要するに警部補、警部となったのは、巨万の富を得たよりも喜ばしいことだと。そして〝天皇の警官〟に選ばれたことも、父にとって非常に誇らしかったのではないでしょうか。だから、毎日身を粉にして務めなくてはいけないと考えていた」

ある特高警察官が誕生するまで

『自序』には、特高になる前までの谷岡さんの来歴も記されていた。

谷岡さんは一八九九年、高知県の農家の長男として生まれた。三歳のときに一家で北海道に入植し、条件の良い耕作地を求めて道内各地を転々としたという。

当時の生活について「小作人は殆《ほと》んど資力なき貧農なりし」と回想し、食事も「白米を口にするは正月三ケ日と罹病《りびょう》のときのみ。日常は麦、稲、黍《きび》、唐黍《とうきび》、芋、南瓜、ソバ、豆類等の混食にして、米麦七三の混食をするは部落有力者の二、三に過ぎず、故に鮮魚肉食は夢の如《ごと》し」と記している。健治さんはこの貧しさこそが、父親が警察官を目指す動機になったのではないかと私たちに語った。

「こういう生活をしていたら、いつまでたっても浮かばれないと思っていたのでしょう。朝暗いうちから夜暗くなるまで働く、そういう生活から抜けられない。それで二十歳で軍隊に行って騎兵になった。軍隊から帰ってきて、そこでポスターか何かを見て警察官が募集されていることを知った。警官になれば、少しは楽になるだろうと考えたんじゃないですか」

札幌で巡査となった谷岡さんは、毎晩十二時や一時になるまで法律関係の書籍を熱心に読み込み、次第に思想問題への関心を深めていく。当時、思想事件を専門とする特高は一般の警察よりも洗練された知識及び技能の持ち主であることを求められ、警察全体の中でも花形の部門だった（『特高警察』）。

特高警察になる道は大きく分けて二つあった。一つは高等試験に合格して内務官僚となる、いわゆる〝キャリア組〟である。高等試験合格後、小さな規模の県警の特高課長などで経験を積み、そこから全国の特高の指揮を執る内務省警保局の事務官級となっていく。もう一つは地方の交番などで巡査を務めながら思想事件の捜査で実績を上げ、特高に抜擢《ばってき》される〝たたき上げ組〟だ。

〝たたき上げ組〟だった谷岡さんは、「政治経済文化等に特に興味を有し思想問題に就ての研鑽精秀たりし」と『自序』に書いていることから、特高になることを目指して日夜勉強に励んでいたと考えられる。

一九二七年、谷岡さんは内勤、つまり高等警察への配属を命じられ、後年着任することになる特高外事情報係の仕事を支援する係となった。警察官となってから五年で意中の仕事を「拝命」した心境を、「感激また大なるあり」とつづっている。

そして一九二八年に担当した三・一五事件の捜査と一斉検挙で、谷岡さんは功労が認められ、破格の賞与を支給されたという。その詳細も「履歴書」に記されていた。

昭和四年十月一日　三・一五日本共産党を捜査検挙につき特別賞金六十円下賜《かし》

「私の生まれたころの六十円ですから、当時の親父の月給より多いと思います。相当大金ですよ、貧しい巡査にとってはね。姉の話によると、当時の生活は私の主食［にかかるお金］はもちろん、ミルク代やおやつ代まで、母の裁縫の内職で補っていたほど苦しかったようです。それにもう一つ、百姓を続けていた私のじいさん、ばあさんが、時々うちにお金をせびりに来るというか、懇願に来ていたんです。親父には、長男なのに実家から出て警官になった後ろめたさみたいなものがあったのでしょう。じいさんもそれを知っていますから。その分、親父は仕事を一生懸命やらないといけなかった」

特高警察官の人間性

取材にあたり、私たちは健治さんに、三・一五事件のときに札幌で拷問を受けた大竹一燈子さんを番組で取り上げることを伝えた。健治さんは生前の谷岡さんから三・一五事件で捜査した場所を聞いていたが、大竹さんが検挙された家とは違う現場で、二人に接点はなかったと思われた。

しかし自身も中学生の孫を持つ健治さんは、「十四歳の女の子までやられたというのは、初めて知りましたね……」とつぶやき、カメラの前でしばらく沈黙した。そして、父親が拷問をしたことがあるかどうかについて、本人からは一度も聞いたことはないとしながらも、こう話した。

「［谷岡さんと拷問は］結びつきますね。『それが仕事だ』と思ったら、やったのではないでしょうか。何にしても、物事に手を抜く人ではありませんでしたから。うちの母親がたまに、親父が『こうしろ』と言うときに言葉を返していたんですよ。それが高じて夫婦げんかになるんですが、親父に殴り飛ばされていましたよ、私の前で。すると母親が、『取り調べのときも、こんなふうにしてやったんでしょうね』って言ったのです……。それは記憶に残っています。だから映画やドラマでも特高の刑事が出てくると親父と重なって、『親父もああだったのだろうな』と思いますよ」

しかし一方で、健治さんは父親について、非情なだけの人間ではなかったとも語った。たとえば、ある思想犯の男性を検挙したとき、谷岡さんは働き手を失った家族が生活に困るのを見越して、健治さんの姉や母親に差し入れをするよう命じたこともあったという。

「だいたい貧しいでしょう。世間一般が貧しかったのですから。逮捕されると即、生活が立ちゆかなくなる。父もわかっていますから、私の姉や母親に［検挙者の家庭へ］食べ物を運ばせるんです。ジャガイモを持っていかせたし、たくあんだって。安月給の警官だから、自分の家だけでも大変なのに。どうしてそういうことをしたのかというと、子どものころから貧しい生活を体験しているからです。百姓は貧しい。弱い立場の人間なわけでしょう。目の前にいるのは、決して他人ではない。過去の自分でもあるし、現在の自分でもある。差し入れをしたのは、いくばくかの罪滅ぼしというのかな、そういうつもりだったのではないかと思います」

特高情報主任時代の谷岡茂満さん。1939年3月撮影

三・一五事件での〝活躍〟の四年後、谷岡さんは念願の特高に抜擢される。その後も数多くの思想事件に携わり、履歴書に書かれているだけでも出版法違反事件で一回、治安維持法違反事件で七回、不敬事件で一回の賞与を下賜された。そして警部補、警部を歴任して最後は警察署長にまで上り詰めた。

しかし一九四五年の終戦後、谷岡さんはすぐに警察を辞めた。地域の木材商工協同組合に勤め、警察時代の話をすることはなくなった。健治さんは「皇国警察官」としての職務に誇りを持ち、半生を捧げながらも自ら職を辞した父親の心境を推し量った。

「ある意味で複雑な人間で、矛盾した人生でもあった。情には厚いんですよ、うちの親父は。ユーモアもあるし、親切だし、一般的に言えば、良い人でしたから。困った人を放っておけない、見過ごせない性格でした。でも……、やはり弾圧はやっていたのでしょう。仕事ですから。思想史において、特筆されるべき思想弾圧だった。父もそう思ったから、すぐ辞めたのでしょう。ひと言で言うと、権力ですね。〝天皇の警官〟であることで、弾圧をするようにもなっちゃうんですね……」

健治さんの言葉からは、矛盾を抱えながら取締りに当たった一人の人間としての父親の姿を伝えたいという思いがにじみ出ているようだった。

国内最初の治安維持法適用事件

ここまで、治安維持法の運用が本格化した最初の事例として、一九二八年の三・一五事件を見てきたが、本章の最後に治安維持法が日本国内で最初に適用された事件についても触れておきたい。

治安維持法が成立した翌年の一九二六年一月、京都の大学生を中心に日本学生社会科学連合会関係者三十八人が検挙された。いわゆる京都学連事件である。

舞台の一つとなった京都大学は、二〇一八年五月に大学の名物だった立て看板が学校側の規程により撤去されたことで話題になったが、京都学連事件の発端となったのも同じ京都にある同志社大学の構内に軍事教練（一九二五年以降行われた、現役将校による中学校以上の生徒・学生に対しての軍事訓練）反対のビラが掲示されたことだった。このとき、京都の特高警察は治安維持法違反ではなく出版法違反の容疑で、京都大学の学生を中心にビラの掲示に関わったと見られる関係者を検束した。

ところがそれらしい犯罪の事実を見つけることができず、すべての学生を釈放せざるを得ない事態に追い込まれる。『小史』によれば、この状況は「泰山鳴動ネズミ一匹も出ぬ有様に府警察部の焦慮深し」として地方紙上でも報じられたという。

この事件に目をつけたのが、司法省が管轄する検察だった。当時、法による思想の取締りに積極的に乗り出そうとしていた司法省は、学生たちが釈放されたおよそ一週間後、司法次官や検事総長などが出席する秘密会議を開き、事件関係者に治安維持法違反を適用して再検挙する方針を決定したのである。

事件の取り調べには司法省本省や東京地裁検事局から一線級の検事が京都に呼び寄せられ、いかに治安維持法を解釈して適用するか、いわば〝実地訓練〟を行った。このとき、共産党はまだ再建されておらず、存在していなかった。そこで検挙された学生たちには第一条の「結社罪」ではなく、第一条で罪とした事項の実行に関する協議を禁じた第二条の「協議罪」が適用されることになる。これは、「結社」の取締りを建前とした治安維持法の本来の運用からは外れたものだった。量刑においては、懲役よりも軽い禁錮となった者も多く、中には無罪となった者もいた。

注目すべきは、事件を担当した検事たちが取り調べを通じて社会主義思想の知識や情報を得たことだ。彼らこそがその後、思想問題を専門とする「思想検事」となり、次章以降で述べる治安維持法の適用拡大に大きな力を発揮していくのである。

第二章　ある青年教師の追放

——二・四事件

大検挙時代の出現

三・一五事件による一斉検挙を皮切りに、一九二八年に三千四百二十六人まで急増した治安維持法による検挙者数は翌年以降、右肩上がりに増え続けていく。一九三一年には一万人を突破し、二年後の一九三三年には一万四千六百二十二人と最多を記録した。

さらにこの時期、検挙者数のデータを地域別に分析すると、ある変化が見えてきた。地域別の統計が存在する最初の年である一九三〇年、そしてその三年後の三三年における検挙場所と人数を一覧にし、比較したものが次頁の表である。一九三〇年の段階では、検挙者数の上位五府県は東京、神奈川、京都、兵庫、大阪で、全体の八十一パーセントを占めており、検挙は東京や大阪など都市部周辺に集中していたことがわかる。

しかし翌年以降、これら都市部の検挙者数が全体に占める割合は少しずつ減少していく。一九三一年には七十九パーセント、三二年は七十六パーセント、三三年には六十九パーセントとなっていた。

代わりに増えてきたのが、それまで検挙がほとんどなかった地方だった。たとえば一九三一年の島根県では、前年八人だった検挙者数が一挙に二百九十六人に増えた。同じ年、愛知県では前年一人もいなかった検挙者数が百三十人となった。翌三二年には山口県の検挙者数が二十五人から三百三人に急増した。表に戻って一九三〇年と三三年の検挙者数の

表　日本国内の地域別検挙者数

	1930年	1933年
北海道	18	182
青森	45	31
秋田	ー	64
岩手	ー	43
宮城	11	56
山形	43	88
福島	83	178
栃木	4	ー
茨城	24	147
群馬	37	122
千葉	21	102
埼玉	ー	46
東京	3,108	7,722
神奈川	186	138
新潟	25	97
長野	24	743
山梨	ー	47
静岡	102	311
愛知	ー	221
富山	3	98
石川	42	103
岐阜	ー	21
福井	5	42
三重	4	152

	1930年	1933年
滋賀	17	19
京都	160	252
大阪	110	1,547
和歌山	24	114
兵庫	141	181
奈良	ー	19
鳥取	ー	24
島根	8	38
岡山	ー	166
広島	22	151
山口	ー	247
香川	ー	66
徳島	ー	1
愛媛	70	37
高知	26	51
福岡	33	346
大分	ー	11
佐賀	33	83
長崎	21	61
宮崎	6	ー
熊本	55	143
鹿児島	48	ー
沖縄	ー	7
合計	4,559人	14,318人

出典：内務省警保局『社会運動の状況』復刻版（三一書房）
＊参照資料が異なるため、国内全体の検挙者数とは、合計数が異なる

分布を見比べると、東京・大阪周辺が中心だった検挙が地方にも広がっていったことが見て取れる。

そしてこの間、検挙者数の増加が最も顕著だったのが、一九三三年に七百四十三人が検挙された長野県である。前年の検挙者数は四十八人で、そこから六百九十五人増となっており、東京・大阪を除く地方の中では一年間で最も検挙者が増加していた。

検挙者が急増した六年間における治安維持法の運用の実態を把握するため、私たちは顕著な変化を示した長野県に着目して取材を進めることにした。

教員たちが一斉に捕まった

西田義信さんが作成する治安維持法検挙者のデータベースで、一九三三年に長野県で起きた事件を検索すると、この年の検挙者の多くが同一の事件で捕まっていたことが明らかになった。二月四日から七か月間にわたって県内全域で検挙が続いた、通称「二・四事件」である。

農民運動や労働組合の関係者など六百人余りの検挙者の中に、二百人以上の小学校教員が含まれていたことから、「教員赤化事件」とも呼ばれている。当時長野県は「信州教育」と呼ばれる自由で先進的な教育を行う教育県として知られていたため、二・四事件は教育県から大量の赤化教員が出た事件として全国紙でも大きく報道され、社会の注目を集めた。

検挙された人の情報を集めるため、長野県の郷土史家、小平千文《こだいらちふみ》さんに問い合わせたところ、証言できそうな当事者は知る限り、すでに亡くなってしまったという返答だった。

それでも小平さんは、「少しでも取材の参考になれば」と二・四事件に関する独自の資料を郵送してくれた。聞けば、長野県ではこれまで郷土の歴史を後世に伝えようと、有志のメンバーが二・四事件の資料や証言者を調査し、事件後五十周年の一九八三年から八十周年となった二〇一三年まで節目の年ごとに記念集会で研究成果を発表するなど草の根の取り組みを続けてきたという。

資料を読み込むうちに一人の教師に関する記述に目がとまった。中箕輪《なかみのわ》尋常高等小学校に勤務していた当時二十六歳の立澤千尋《たつざわちひろ》さん。立澤さんは一九八二年、七十七歳で亡くなったが、二・四事件当時の状況をつづった日記を残しており、いまも遺族の家に保管されているという。

日記を手がかりに事件の実態に迫り、一九二〇年代後半から三〇年代に発生した検挙者数急増の要因とその影響を探り出す――。私たちは遺族に連絡を取り、現場を訪ねた。

事件当時を知る男性が出演を断ったわけ

長野県上伊那郡箕輪町《みのわまち》は、三千メートル級の山々が連なる中央アルプスと伊那山地に挟まれた盆地にあり、天竜川が町を南北に貫いている。立澤さんが勤めていた中箕輪尋常高等小学校は天竜川にほど近い小高い丘の上に建っており、名前を箕輪中部小学校と改称していまもあった。

事件が起きた現場を撮影しておきたいと、同校の校長に取材を申し込んだ。そのとき校長が見せてくれた、創立百年の際にまとめられた校史には、二・四事件当時の日誌の文面が残されていた。

二月四日Y君思想関係につきて伊那署に検束さる。同日Y・S両君家宅捜索せらる、次で十日朝六時S君伊那署に検束せらる。新聞紙上にては色々と発表報告せられたるも、本人等に対する思想は全く不明である。［中略］この事件に対して児童には特に注意をして児心を和《な》ぐる様にし、殊更《ことさら》関係学年の担任者に於ては一層のご注意を望む

（『箕輪中部小学校百年誌』）

「本人等に対する思想は全く不明」という記述から、学校側も予想もしていなかった検挙

だったことが読み取れる。さらに名前に使われた伏せ字を見て、数日前の取材での出来事が頭をよぎった。

それは地元の郷土博物館の紹介で、二・四事件の際、中箕輪尋常高等小学校に生徒として通っていたという男性の自宅を訪ねたときのことだった。当時低学年だったその男性は事件のことをかすかに記憶していた。

「そのときはそれほど大騒ぎしていたわけではなく、知らないうちに何人かの先生がいなくなっていました。中学生になってから、当時何が起きていたのかをようやく理解したのです。昔の先生は皆真面目で、捕まった先生たちは私の担任ではなかったのですが、静かな印象でした。直接関わりはありませんでしたが、先生たちのクラスの生徒は楽しそうでしたよ」

私たちは事件を知る貴重な証言者として、この男性に番組への出演を依頼した。しかし、男性は最後まで首を縦に振らなかった。説得を重ねる私たちに、男性は「記憶に自信もないし、狭い町だからね。誰かに迷惑をかけるのは嫌だから……」と告げた。男性の反応は、二・四事件が地域の人たちにどのような出来事として記憶されているかを物語っているようだった。

予想もできなかった検挙

立澤さんの三女で現在七十四歳の三浦みをさんは、小学校から車で三十分ほど天竜川沿いをさかのぼった山裾の集落に住んでいた。自身も父親の背中を追うように上伊那で小学校の教師を務めたという。

三浦さんは、立澤さんの古いアルバムを用意してくれていた。その中の一枚に、担任をしていた低学年の学級と思《おぼ》しき子どもたちとの集合写真があった。坊主頭やおかっぱ頭の数十人の子どもたちは、少し緊張した面持ちでカメラを見据えていた。その中央に物憂げにも見える表情の立澤さんが立っていた。

「勉強ができない子をかわいがる。お金がないかなと思う子をかわいがる。そんな人でしたね」

三浦さんによれば、立澤さんは穏やかな性格で物静か、子どもたちからとても慕われていたという。三浦さんがまだ幼いころ、家でご飯が食べられない生徒を自宅に連れてきて、一緒に食事をしたことがあったと教えてくれた。

立澤さんの日記は、二つの段ボール箱にぎっしり詰め込まれて保管されていた。高等小学校に通う十四歳だった一九二一年から亡くなるまでの六十三年間にわたって、ほぼ毎日書き続けられたものだ。ところが三浦さんによると、二・四事件があった一九三三年の日

立澤千尋さんと尋常小学校の生徒たち

記だけがなぜか行方不明だという。「代わりに」と見せてくれたのが立澤さんの歌集だった。
立澤さんは教師を始めたころから短歌に親しんでおり、後年は同人誌で歌の選者を担当するほどの熱心な歌人でもあった。亡くなったとき、妻のもりさんが夫の歌を抜粋して歌集を編んだ。その中に現在行方不明になっている二・四事件当時の日記の文章の一部や、事件のことを詠んだ歌が収められているとのことだった。
読み進めると、立澤さんが検挙された一九三三年二月二十日のことを詠んだ短歌が見つかった。このとき、立澤さんは教師になって六年目。まだ独り身で、実家を離れて勤務先の学校近くにあった下宿に住んでいた。夜が明けるころ、立澤さんが眠っていた部屋に突如として警官が踏み込んできた。

月の下に　見ゆる木立の　彼の家より　拉致されし　二十六才　二月二十日未明

指示さるる　ままに裸身　さらしつつ　光線くらき　室に疲れつ

「二月二十日の冷える夜明け、早朝にお巡りさんだか誰だか知らないけど来て、連れていかれちゃったたって」

三浦さんの兄弟が生前の立澤さんから聞いた話によれば、立澤さんは伊那署に連行されたものの、留置所が検挙者で溢《あふ》れていたため、代わりに剣道場に連れていかれた。そこで隣の人の様子を窺《うかが》ったり会話したりできないよう、仕切りとして立てられた畳の間に座らされて一晩を過ごしたという。歌の内容から想像するに、立澤さんは明かりのない真冬の剣道場で、服を脱がされ裸で取り調べを受けたのだろう。

翌日、立澤さんは釈放されたが学校に戻ることは許されず、農家の両親が住む実家での謹慎を命じられた。日記には、突然犯罪者とされた立澤さんの心情が記されていた。

五月四日

二月二十一日、一生を通じて忘れえぬ大衝撃を受けし日、その日雪深きふるさとに帰ったのであった。木枯らしが吹きしきって、すでに夕ぐれた道の雪を吹きあげていた。心臆しつつ、故里の道を歩いている自分は、常の自分ではなかった。知人に逢うをはばかりながら歩いていると、母が迎えに来て呉《く》れたのであった。しかも病後おとろえしるき母が、咳き入りながら、父も案じていると知らせて呉れた。自分の心は暗から更に地下に墜落するような気がした。悔悟と悲傷と、あらゆる感情が激発して、物も言えず、只《ただ》涙流して、母について家に帰った。あの日のこと、永久に忘れえぬ。

三浦さんの話によれば、立澤さんが「大衝撃」を受けた理由は単に検挙されたことだけではなく、治安維持法違反の心当たりがまったくなかったためだった。後に三浦さんが確認したところ、立澤さんは生涯で一度として共産党に入ったことがなく、それどころか党員とのつながりすらなかったという。

「本当に突然のことだったみたいです。あんな優しい人が犯罪者として捕まってしまう。捕まったときは、父自身わけがわからなかったと思います。『なんで?』って。『何か、僕は悪いことしたのかな』って。衝撃だったと思うよ……」

データが語る検挙対象の変化

二・四事件に関する特高や検察の資料を確認すると、実は立澤さんのような共産党とは無関係な人の検挙こそが、この事件の特徴だったことが明らかになる。

捕まった人の中に、本来治安維持法の対象となるはずの共産党員が一人もいなかったのだ（中澤俊輔『治安維持法　なぜ政党政治は「悪法」を生んだか』〈中公新書〉によれば、当時、共産党と並ぶ「国体変革結社」とみなされていた共産青年同盟に加入していた者が一人だけいた）。これは治安維持法が「結社」、すなわち共産党の規制を目指すものだと説明されていたことを考えると、本来の目的からかけ離れた運用だったと言える。

さらに全国で検挙者数が急増した一九二八年以降の六年間のデータを分析すると、「検挙者の中に共産党員がいない」という特徴は、この期間に起きた治安維持法違反事件の大部分に共通して見られるものだった。

具体的な数字を挙げれば、六年間で検挙された人数は全部で五万三千四百七十四人だったのに対し、内務省警保局の内部文書『社会運動の状況』で同時期に共産党員として起訴された人数を集計すると千八百三十七人。単純に計算すると、検挙者中の共産党員の割合はわずか三・四パーセントにとどまっていた（この数字には「一九三三年に検挙されたが、同年中に起訴されなかった」という共産党員の数は含まれない）。

なぜ党員ではない人たちが大量に捕まっていたのか。そこには、三・一五事件の直後に行われた治安維持法の改正が大きく関わっていた。

「死刑」の導入

治安維持法の改正法案が衆議院本会議に上程されたのは、一九二八年四月二十八日、第五十五回特別議会でのことである。改正は、その一か月前に行われた三・一五事件の大検挙を受けての緊急的な動きだった。法案は司法省と内務省によって作成されたが、主導したのは司法省だった。条文の第一条は次のとおりである。

第一条

国体を変革することを目的として、結社を組織したる者、又は結社の役員其の他指導者たる任務を担当したる者は死刑、又は無期若は五年以上の懲役若は禁錮に処し、情を知りて結社に加入したる者、又は結社の目的遂行の為にする行為を為したる者は、二年以上の有期の懲役、又は禁錮に処す

私有財産制度を否認することを目的として結社を組織したる者、結社に加入したる者、又は結社の目的遂行の為にする行為を為したる者は、十年以下の懲役、又は禁錮

に処す
前二項の未遂罪はこれを罰す　（治安維持法中改正緊急勅令、『小史』所収。傍点引用者）

改正法案がどのように共産党員以外の人たちの検挙に影響したのかを見る前に、当時の改正において最も注目された変更点について触れておかなければならない。「国体の変革を目的とする結社」に対する、「死刑」の導入である。これは治安維持法違反となる「国体の変革を目的とする結社」と「私有財産の否認を目的とする結社」のうち、「国体変革結社」の刑罰のみを、改正前の「十年以下の懲役」から一気に極刑にまで引き上げるというものだ。

三・一五事件の直後、当時の田中義一首相は次のような声明を発表し、政府関係者として初めて共産党員の行動が国体の変革に当たるという見解を示すとともに、その思想がいかに道義にもとるものであるかを強調していた。

事件の内容は金おう無欠［完全で欠点のないこと］の国体を根本的に変革して労農階級の独裁政治を樹立し［中略］共産主義社会の実現を期し当面の政策として革命を遂行するにあったのである。［中略］国体に関し国民の口にするだに憚《はばか》るべき暴虐なる主張を印刷して各所に宣伝はん布したるに至っては、不ていろうせき、言語道断の次第で天人ともに許さざる悪虐の所業である。(「東京朝日新聞」一九二八年四月十二日付)

共産党を「国体変革結社」とする裏付けとされたのが、三・一五事件関連の捜査で押収された共産党の機関紙に「君主制の廃止」のスローガンが記載されていたことだった。法案提出を主導した司法省も、「日本共産党の主義行動は根本的に我国体を破壊せんとするものにして、寸時《すんじ》もこれを容認すべからざる重大なる事犯なり」と田中首相と同様の見解を示した(「東京朝日新聞」一九二八年四月十一日付夕刊)。

これに続く法改正で、政府が死刑を導入した背景には、三・一五事件を機に、共産党を天皇制に歯向かう結社としてより厳しく取り締まろうという政府当局や高官の方針があった。

荻野富士夫氏は、司法当局が「国体の変革」行為を、当時の刑法における重罪の一つだった内乱罪と同格に位置付けたことに着目する。内乱罪とは、テロやクーデターなどの暴動により、国の統治機構に直接危害を加える行為を罰するもので、最高刑は死刑とされていた。共産主義を広める活動を思想上の内乱罪、つまり考え方の上で反乱を起こしているとして、法律上も重罪と印象付けることこそ死刑導入の狙いだったという。

「当時の原嘉道《はらよしみち》司法大臣は、『共産党の行為は思想的内乱罪に匹敵する』と説明していま
す。死刑という部分を強調することで、いかに共産主義を広める行動が重大な犯罪なのか
を国民に知らしめて予防的に運動を抑え込む考えだったのだと思います」

これ以降、共産党は、当初想定されていた資本主義制度を変えようとする「私有財産制度の否認」を目的とした結社というだけではなく、天皇制を転覆しようとする「国体変革結社」として断罪されるようになっていく。

死刑の規定が盛り込まれた改正治安維持法は以後十七年間運用されることになるが、実は実際に国内で治安維持法のみによる死刑判決が適用されることは一度もなかった。しかし私たちは今回の一連の取材の中で、治安維持法違反で検挙された男性からある証言を得た。留置所の中で警察が持っていた法律書を盗み見た際、治安維持法の欄に「死刑」の文字を目にし、身震いしたという。死刑が盛り込まれたことが少なからず当時の市民の思考に影響していたことを示す一例と言えるだろう。

目的遂行罪とは何か

ここで本題に戻り、治安維持法の改正がなぜ共産党員でない検挙者の急増をもたらしたのか、確認していこう。

最も重要な改正箇所は、先に記した条文中の「結社の目的遂行の為にする行為を為したる者は、二年以上の有期の懲役、又は禁錮に処す」という部分、通称「目的遂行罪」の規定である。この規定は、共産党に所属していない人でも、党の目的を手助けする何らかの行為をしていれば罰することができるというものだった。

目的遂行罪はなぜ、治安維持法の改正に盛り込まれたのだろうか。きっかけとなったのは、やはり三・一五事件での一斉検挙である。

実はこのとき、治安維持法は早くもある限界に直面していた。三・一五事件では全体の検挙者数が千六百人余りだったのに対し、押収した共産党員の名簿に記載されていた人数は四百九人に過ぎなかった。検挙者の七割以上について共産党員であると特定できず、釈放せざるを得なかったのである。これでは、当局は本来検挙すべきでない人まで対象としているという批判を免れない。

この事態に危機感を募らせたのが、捜査を指揮していた検察の面々だった。当時、東京地裁検事局の次席検事として捜査に関わった、後の司法大臣、松阪広政《まつざかひろまさ》は、「三・一五、四・一六事件回顧」（一九三八年）と題された講演の中で、捜査中に感じていた治安維持法の〝不備〟について次のように述べている。

［共産党］党員ではないが、入会をしないが、色々命令されて活動して居る者がある。併《しか》し、そう云うものを罰する方法がない

（山辺健太郎編『現代史資料16　社会主義運動（三）』所収、みすず書房）

荻野富士夫氏は、目的遂行罪はこうした検察の要望に即して立案されたものだったとして、当局の思惑を次のように説明する。

「三・一五事件で釈放せざるを得なかった人たちを何とか処罰するために、目的遂行罪の導入によって埋め合わせようと考えたのでしょう。しかしまもなく、この目的遂行罪を自在に使って治安維持法を思ったとおりに運用していくのです」

問題は、条文にある「結社の目的遂行の為にする行為（＝目的を手助けする行為）」がどのような行為を指すのかという解釈が、当局に委ねられていたことにあった。荻野氏によれば、改正当初、政府は目的遂行罪を認定するには一定の条件が必要であると説明していた。

「目的遂行罪は、改正当初の段階では、共産党の党員ではないけれども党の状況がよくわかっており、共産党の指示を受けたり、協力を求められたりする形で何か具体的な行動をする者の行為を取り締まるものとされていました。けれどもその後、直接、共産党からの

指示がなくても、たとえば共産党に近い外郭団体が、プロレタリア文学［労働者が直面する厳しい現実を描いた文学］運動などの行為だけでも目的遂行罪に問われるようになります」

この目的遂行罪こそが、共産党を取り締まるとされた治安維持法の適用拡大をもたらす、梃子《てこ》のような役割を果たすことになっていく。

「思想検事」の誕生

目的遂行罪の導入と同じ時期、検察の中に新たな組織が誕生する。思想問題を専門に扱う検察、「思想検事」である。彼らこそが目的遂行罪の適用範囲を広げる論理を生み出し、治安維持法の運用において特高警察と両輪をなす存在となっていく。ここでは、思想検事が生まれた背景や求められた役割を確認し、彼らが治安維持法の適用拡大に向かった理由を探っていこう。

一九二八年、三・一五事件が起きた当時の検察は、警察における特高のような思想問題の専門家を育成・増員する必要に迫られていた。取り調べの際、治安維持法事件に不慣れな検事たちは難解な用語や概念に関する知識が不足しており、手探りで調べを進めた結果、起訴の時期や基準が各検事局でまちまちになるなどの失態を招いていたからだ。前出の松阪も「検察陣営の甚《はなは》だ無力不完全」だったと認めている（「三・一五、四・一六事件回顧」）。

こうした中、同年五月に行われた第五十五回帝国議会で、「思想検事」創設の経費三十二万円が認められる。そして二か月後の七月には全国十四府県に検事二十六人と書記五十二人が増員され、正式に思想検事が誕生した。彼らは思想犯罪の捜査と研究に従事するため、一般事件の処理を担当せず、思想調査に時間を割けるよう配慮するとされた。

その基本的な心得が、思想検事が創設された一九二八年五月に司法省が各検事長・検事正宛に通牒した、「思想係検事事務分掌基準」に記されている。

> 思想係検事は、常に思想問題の基本観念、特に本邦の国体及固有の道義観念を明かにし、社会科学、プロレタリア芸術等を攻究し、併せて精神病理、刑事政策学等を研究して、思想犯の原因を詳かにし、根本的に予防の対策を立つることに努力するを要す
> （「思想事務に関する訓令通牒集〔抄〕（一九三四年まで）」『現代史資料45　治安維持法』所収）

思想検事たちは思想犯に対し、「根本的に予防の対策」を立てることが使命とされた。特高警察が徹底的な要視察人の監視によって事件を未然に防ごうとしたのに対し、思想検

事の主戦場は特高が検挙した容疑者に対しての取り調べや、起訴するかどうかの判断、その後の裁判への立ち会いなど検挙以降のプロセスにあった。そこでいかに法律を運用し、思想犯罪の防止につなげていくかが腕の見せ所とされた。

一九二八年、司法省内部に設置された思想部の初代書記官に就任した池田克《いけだかつ》は、思想検事としての職務への意気込みを「法律新聞」の記事の中で次のように語っている。

「思想の流は総《すべ》て必然的」

労働運動、水平運動、農民運動等各種の社会運動、［中略］或は暴力団の生まれるのも、更に小作調停法又は治安維持法の出来るのも、何《どれ》も必然的の結果であります。［中略］然《しか》らば総て必然的の結果であって人力のいかんともする事が出来ぬかと云えば決してソウではなく人力を以て思想の流を緩漫ならしめ、或は是《これ》を食い止め得る事は、是が教育に又は宗教に更に一般為政者の力に依てなし得る仕事であります。

池田克（「法律新聞」1928年6月3日付、不二出版復刻版）

（「法律新聞」一九二八年六月三日付）

後に治安維持法の生き字引とも言える存在となっていく池田は、人間の思想は「一般為政者の力」、彼自身の立場で言えば、治安維持法を中心とする法律の運用によってコントロールすることができるし、それこそが自分たちの仕事だと語った。そのためには、前出の松阪が言うように「［共産党］党員ではないが、入会をしないが、色々命令されて活動して居る者」も、共産党員と思想を同じくする限り罰するべきである――これが思想検事たちの考えだった。

こうした認識の下で、検事たちは改正治安維持法に導入された目的遂行罪を自在に運用して、共産主義に関係する人々を犯罪者とみなす論理を開発していく。

新聞を取り寄せ、配布した罪

思想検事による目的遂行罪の適用を裁判所が認めた最初の判例として注目されるのが、一九三〇年十一月に現在の最高裁判所に当たる大審院が下した判決だった。これは岡山県に住む共産党とは無関係だった教員が、党の準機関紙と言うべき「無産者新聞」「第二無産者新聞」を取り寄せ、配布した行為を有罪としたものである。

裁判において、被告である教師の弁護人は次のように主張した（『大審院刑事判例集』第一九巻、法曹会、一九三七年）。

・両新聞は東京の合法的な雑誌社から送付されたもので、この教師は共産党から指示を受けていたわけではなく、自発的にこれらの新聞を取り寄せて仲間に見せていたにすぎないのだから、共産党の目的を遂行しようとしていたとは言えない。
・当時共産党の存在は、すでに世の中に知られていた事柄であって、その機関紙を配布したからといって直《ただ》ちに共産党のためになるとは言えず、有罪とすることは不当である。

しかし裁判所は、弁護人の主張に対して論理的な反論をすることなく、新聞を配布した行為に対し懲役二年六か月の有罪判決を下した。

刑法学者の内田博文氏は、目的遂行罪の適用拡大の要因の一つとして、裁判所のチェック機能が働いていなかったことを挙げる。

「目的遂行罪は、濫用の危険性が非常に高いところがいちばんの問題でした。当時の政府は議会で、『裁判所が然るべき限定解釈で運用するので濫用の恐れはない』という内容の答弁を行っていましたが、その後の運用のされ方を見ると裁判所はまったく限定解釈をしていない。検察官の主張をそのまま認めることになりますので、裁判官ではなく捜査官側が結社目的遂行行為に当たるかどうかを判断している。そのことで、治安維持法違反の罪の性格は一変することになったのだと思います」

裁判所が限定解釈を放棄したことは、特高や検察による積極的な取締りを加速させていった。判例によって、目的遂行罪の適用拡大にお墨付きが与えられたと判断したからである。

事実、新聞の配布行為を罪とした前述の判決を機に、各地で同様の検挙が多発する。本章の冒頭で一九三一年以降、大都市が中心だった検挙が地方に広がっていったことに触れた。ここで検挙者数が急増した県における事件の内容を少し詳しく見てみよう。

前年八人だった検挙者数が一挙に二百九十六人に増えた一九三一年の島根県における検挙者を西田さんのデータベースで調べると、個人名と検挙理由が判明している人のおよそ三分の一が共産党の準機関紙「無産者新聞」や、日本共産青年同盟の機関紙「無産青年」などの頒布をもって目的遂行罪に当たるとされていた。同年に検挙者数がゼロから百三十人となった愛知県でも、個人名がわかる人の少なくとも四分の一以上が新聞や雑誌の配布による目的遂行罪に問われていた。

一九三〇年末に作られたと推測される司法省の「日本共産党に対する治安維持法違反事件に付き答弁案並参考資料」（国立国会図書館憲政資料室所蔵『渡辺千冬関係文書』所収）の中には、機関紙を足がかりとした目的遂行罪による取締りの強化を裏付ける次のような一節がある。

未逮捕の残留分子は毎月二、三回党及同盟の機関紙を極秘裡に発行し、全国各地に密送し、共産主義の宣伝に努力したる結果、各所に共産党の目的遂行の為めにする行動を敢行するもの輩出し、目下猶《なお》之が検挙中なり

ここでいう「未逮捕の残留分子」とは、三・一五事件から始まった共産党員の一斉検挙で警察と検察が取り逃がしたメンバーたちのことだ。当局は彼らが各地に潜伏し、再び勢力を拡大することを憂慮していた。

共産党の機関紙は当時、各地の労働運動や農民運動グループの間でよく読まれていたが、当局はこれらのグループを共産党の外郭団体とみなし、党に絶え間なく新たな人材を補給する、言わば〝貯水池〟のようなものであると考えていた。そこで、取り逃した共産党員だけでなく外郭団体をも取り締まるため、機関紙を配る行為を目的遂行罪と認定する

ことで疑いのある人たちを検挙したのである。

目的遂行罪は、検察による再解釈と裁判所の判例による裏付けを繰り返しながら、一九二〇年代後半から三〇年代前半にかけてその適用範囲を急速に拡大していった。

背景は「子どもの貧困」

こうして治安維持法による全体の検挙者数がピークとなった一九三三年、地方での検挙者数の増加を端的に示す、長野県の二・四事件が起きた。この事件は、目的遂行罪の威力が最大限に発揮されたケースだったと言える。検挙された六百人余りのうち、起訴に至った七十四人はすべて目的遂行罪に問われていたことがわかっているからだ。

ではいったい、検挙された人たちのどのような行為が目的遂行罪に問われていたのだろうか。まずは、教師の立澤さんをはじめとする検挙者たちが置かれていた状況を見ていこう。

当時、日本は深刻な不況に見舞われていた。一九二九年、ニューヨーク・ウォール街における株価の大暴落に端を発した世界恐慌の煽りを受けて、全国で失業者や貧農が続出、労働環境の改善を求めて社会運動に身を投じる人々が増加した。貧困を背景とした運動の活発化は、国内全体で治安維持法による検挙者数を押し上げる社会的な要因ともなった。

長野県では生糸の価格が暴落したことで、主要産業だった養蚕が壊滅的な打撃を受けた。製糸工場の賃金未払いや女性工員の首切りが激増し、農家や労働者たちの生活が苦境に陥った。彼らは組合を作り、小作料、電灯料金の値下げや待遇の改善を求める活動に力を注ぐようになっていく。

こうした中、立澤さんをはじめとする二・四事件で検挙された教師たちが直面していたのが子どもたちの貧困だった。郷土史家の小平千文さんらによる聞き取り調査によれば、二・四事件に関わった教師の中には、受け持っていた児童が家計を助けるために身売りをし、ある日突然学校に来なくなる経験をした人もいたという。家庭で満足に食事ができない子どもたちのために炊き出しを行う「腹いっぱい食べる会」など独自の活動に取り組む教師たちもいた。

二・四事件について、教育史の視点から研究を続ける立教大学教授の前田《まえだ》一男《かずお》氏は、長野の教師たちが組合活動に進んでいった理由として、目の前の貧困問題を解決できない、自分たちの教育そのものに疑念が生じたからではないかと分析している。

「心を痛めていても、どうすることもできない。それは子どもたちと接している教師たちがいちばん感じていたことでしょう。国定教科書の内容に沿って教えていても現実にはまったく社会が良くならない、何か違う見方や考え方をこれから作っていかなければいけないのではないか。県や国に働きかけ、より大きな広がりをもって対応する必要性を感じ、組合運動を展開することになったのだと思います」

生活苦は教師も例外ではなかった。当時、教員の給与は勤務する学校のある市町村から支給されていたが、不況にともなう財政悪化によって、未払いも起きていた。長野県下の教員賃金の未払いは、同県の製糸工場に勤める女性工員とともに全国で一、二を争う深刻な状況だったという。

自分たちの生活改善と、子どもたちの貧困の解決をどうすれば両立できるのか。そこで彼らが組合で行ったのが、教員の給与を自治体ではなく、国が負担するよう求める運動だった。

「教員給を自治体でまかなうとなると、地域の人たちは『自分たちはこんなに苦しいのに、先生は良い給料をもらっている』という不満を持つようになる。この現状に対して、彼らは次のように考えて運動に至ったのだと思います。たとえば地方の教育に対して国庫補助を行えば、多少地方財政が和らぐのではないか。そして村の財政を教員給に割かずに済めば、間接的に子どもたちに還元されるのではないか。しかしその活動は国家としては捨てておけない性格のものとして治安維持法に抵触するとみなされたのです」

末端の「影響下分子」も検挙

二・四事件で目的遂行罪の標的とされたのは、このように教師たちや農家、繊維労働者が現実の貧困から抜け出すために作った組合や研究会による一連の活動だった。

当時組合や研究会の多くは、全国的な組織である日本労働組合全国協議会（以下、全協）や日本プロレタリア文化連盟（略称、コップ）の傘下に入っていた。二・四事件の主犯格として起訴された九人の裁判を見ると、共産党の外郭団体とみなされるこれら全国組織とのつながりがあったことを指摘されていることがわかる。そして組合や研究会で会議を開いたり、機関誌を作成・配布したり、勧誘したりしたことが、「共産党の目的遂行の為にする行為を為し」たとして罪に問われていた。

そもそも法改正時の議会では、目的遂行行為を立件するには、本人が共産党との関係を認識しており、党から指令を受けていることの客観的な証明が必要だと説明されていた。

しかしこの裁判では、長野という一地方の組合や研究会が共産党からの指令を受けていたかどうかや、本人が「共産党の目的遂行の為に」という認識を持っていたかどうかにかかわらず、彼らが共産党と同様の目的を持っていることは自明とされ、断罪された。

これだけでも想定されていた範囲を超える拡大解釈と言えるが、二・四事件の状況を日記に残した教師の立澤千尋さんは、組合や研究会のメンバーですらなかった。では立澤さんは何を理由に検挙されたのか。その手がかりが日記に残されていた。

検挙される前の時期の記録をつぶさに見ると、ところどころに「勉強会」という言葉が見つかる。立澤さんは教師仲間に誘われて、組合や研究会が主催する勉強会に参加したことがあった。ある日の会の記録には「マルクス主義」という言葉も書かれていたことから、立澤さんは勉強会で共産主義の考え方にも触れていたと考えられる。またそうした機会に仲間から本を借りて読んでいたことも記されていた。

娘の三浦さんは、立澤さんが生前、三浦さんの兄弟に、自分が検挙された理由を次のように語っていたと教えてくれた。

「『本を見ていただけ、勉強会に参加していただけ』と言ったみたいですね。[当局の資料には]それが検挙の理由だと書いてあったようです」

前述したとおり一九三〇年代に入って、新聞や機関紙の頒布という行為が目的遂行罪とされていた。ところが二・四事件においては目的遂行罪の解釈はさらに拡大され、ただ単に共産党の外郭団体とみなされた組合に入っていたという事実や、たとえ組合に入っていなくても、少しでも関わりを持っていたことが問題とされ、関係者が次々に検挙された。

戦後に発見された長野県の特高の捜査資料からは、二・四事件において、それ以前と捜査方針が大きく変わっていたことを明確に読み取ることができる。長野県特高課『長野県社会運動史』（『特高警察関係資料集成』第二十一巻所収）によれば、特高は事件前年の夏から県内の共産党や全協に対して、内偵を続けて取締りの機会を窺い、検挙にあたっては「従来の検挙とは方針を異にし、将来の発芽原因となるべき禍根を残さず、影響下分子に至るまで徹底的にさん除（傍点引用者）」したという。

同じ資料には検挙者の一覧表があり、対象者の組合への加入状況などが記されているが、立澤さんはまさに、組合にも加入していない末端の「影響下分子」に分類されていた一人だった。

初等教育「赤化」の波紋

二・四事件において検挙方針が大きく変更された理由の一つと考えられるのは、長野県で比較的早い時期から青年層を中心とした運動が活発に展開され、全国的にも注目されていたことだ。

もう一つが、二月四日に行われた一度目の一斉検挙で捕まった人々の中に、予想よりもはるかに多い小学校教員が含まれていたことの影響である。前田一男氏は、この事件で検挙された教員たちが大学などの高等教育ではなく、小学校という初等教育の場に属していたことに注目する。

「高等教育の教員は、治安維持法に対して疑問を感じたり、私有財産制度や国体のあり方についても相対的に考えることができていました。しかし初等教育では、教育勅語体制がずっと続いてきている。『国体を変革する』という意識は、高等教育の教員よりは低かったと思います。けれども、二・四事件が起こった。『初等教育の現場では国体を前提とした教育をしているはずだ』という当局の思惑がはずれたところに、この事件がより大きな反響を呼んだ理由があるのではないでしょうか」

長野県の学務課が作成した「昭和八年八月　二・四事件検挙状況知事事務引継書」（長野県編『長野県史　近代史料編　第四巻』所収）には、二・四事件の後、司法省、東京控訴院の検事局、および内務省からそれぞれ担当者が長野県を訪れ、検挙にあたって「督励《とくれい》支援」をしたことが記されている。事件がもはや一地方だけのものではなく、中央からも非常に重視されていたことが窺える。

荻野富士夫氏は、一度目の検挙における赤化教員続出の事実が県内のみならず中央の検察や司法省にも衝撃を与え、徹底的な捜査の継続を決断させたと分析する。

「長野県において、この機会に一挙に左翼運動を殲滅《せんめつ》してしまおうと考えていたのだと思います。それほど教員の赤化の衝撃が大きかったということですね」

無罪でも職を追われた教師たち

二・四事件において見逃すことができないもう一つの特徴が、前出の「昭和八年八月二・四事件検挙状況知事事務引継書」に次のように記載されている。

汎《あら》ゆる組織に亘《わた》り非常に軽易なものでも残らず一応取調を為し、将来を訓戒して釈放いたことも特色とされる。（傍点引用者）

つまり、問題となった行為が「非常に軽易」と判断された人たちは「一応取り調べ」をされた後に起訴されることなく釈放されていたのである。

『長野県社会運動史』の記述では、検挙された教員組合の関係者二百三十人のうち、「参考呼出」とされていた人が三十九人、即日釈放者が四十八人となっている。ここからは、全体の四割近くが、容疑がはっきりしないか、容疑がほとんどないのに検挙され、早い段階で釈放されていたことが読み取れる。事件当時の日記を残した立澤千尋さんも、一日取り調べを受けただけで、罪には問われず釈放されていた。

しかし、検挙された人たちにとって、釈放は元の生活に戻ることを意味しなかった。検挙自体を問題とされた立澤さんは、勤めていた小学校で休職処分を受け、事実上教壇から追放されることになったのである。検挙からおよそ一か月後の日記には、実家で謹慎中の立澤さんが、もはや会うことができなくなった教え子たちを思い、自分の行動を深く後悔する心境が記されていた。

三月十四日
道を卒業式の歌をうたい行く童あり、思わざらんとすれど、幻の如く子等の顔浮かび来るはすべなし。本を読めば本より、庭を見れば庭より、起ちても臥《こや》りても折々に子らのすがた思わるるは、吾《わ》が心の弱き故なるや、眼《まなこ》つむれば、まぶたの中に子等の顔あり、耳をすませば、外にて先生と呼ぶ声きこゆ、縁ありて師と言い教子と言う。かくも悲しき別れせしも、みな己の不徳なれば誰せむるにあらねど、只童子ら偲《しの》ぶなり……。

三月二十四日
新聞に「某事件」というのを見る度に、その事件の渦中に自分があったかと思うと身を切られる様に切ない。自分に国家を否定し、現在の教育を否定する様な極悪な思想があったであろうか。自分は彼らが、国体と相容れない教育思想をもっていると知ったなら、どうしてそんな仲間に入ろう。彼らは己にはそんなグループの陰謀をいささかも話さなかった。勉強しろといわれて本を見た自分の軽率を悔やむ。

日記を何度も読み返したという三浦さんは、教え子と離ればなれにさせられた父親の心境を推し量った。

「子どもたちはずっと先生が来てくれると信じているのに、翌日の朝から急に学校に来なくなっちゃうわけだから。子どもたちのところに行けなくなった父親はうんとつらかっただろうなと思う。途中で辞めさせられ、子どもたちと引き離されることになるなんて、考えてもいなかったはずです」

立澤さん同様、検挙された教師たちは法律上の罪こそ問われなくても、厳しい社会的制裁を受けた。二・四事件の関係教員への行政処分は、退職五十五人、休職六十八人、転任訓戒九十二人、関係校長十三人が退職となっている。

荻野富士夫氏は、当局が治安維持法の効果として、刑罰のみならず検挙そのものが与える社会的な影響を期待していたと指摘する。

「治安維持法には、刑事処罰を受けさせるだけではなく、同法に抵触したことで社会的な制裁を受けさせるという役割もありました。警察に呼ばれ、二、三日そこにいただけで、学生であれば学校から追放される、ふつうの企業に勤めていれば解雇される、あるいは社会や周囲から冷たい視線で見られるということが起きたわけです。特高警察はそれが社会的に非常に大きな影響を及ぼすことも十分に認識した上で、治安維持法をうまく使っていたのです」

自らも小学校の教師として働いた三浦さんは、父親の日記をきっかけに二・四事件について知る中で、教育の場に対して国家が行使し得る影響力の大きさを再認識したという。

「国の政策にちょっと不都合だというだけで、父親だけでなく、おびただしい数の他の先生方をどかそうとした。国というものはすごい力を持っているのだなと思います」

政府の情報戦略が改正につながった

そもそも、これほどまでに恣意的な運用を可能にした目的遂行罪を含む改正法案は、どのように議会の審議を通過したのか。ここでもう一度、一九二八年に時計の針を戻し、治安維持法改正の過程を検証したい。

実は、改正法案はすんなりと成立したわけではなかった。それどころか法案が提出された四月の帝国議会で、当時の内相・鈴木喜三郎の選挙工作などが問題となって議論が紛糾したため、治安維持法の改正法案は審議未了で廃案となっていたのである。ところが事態はここから急展開し、わずか二か月後には改正法の公布を見ることになる。法案が廃案となった直後、時の司法大臣・原嘉道は改正をあきらめず、新たな手段に打って出た。議会の承認を得ずに「緊急勅令」により、天皇の命令という形で法律を制定しようと考えたのである。

緊急勅令は大日本帝国憲法の中に制度として存在してはいたものの、災害など早急に法律の制定が必要になる場合や緊急の必要性がある場合にのみ認められる例外的な手段だった。

また、緊急勅令によってある法律を改正する場合、事前に枢密院（政府に功績を認められた終身の顧問官たち二十数人が委員となり、法律、条約、勅令が憲法に違反していないか審査する、天皇の諮問機関）に意見を諮《はか》って了承を受けることと、直近の議会で事後承認を受けるという手続きを経る必要があり、そのプロセスで承認が得られなければ、法律の該当する部分がなくなるという不便さもあった（中澤俊輔『治安維持法』）。

通常であれば、一度議会で廃案となった法案は次の議会を待って再提出するのが当時の常識だった。議会の閉会直後に緊急勅令による制定を目指した田中義一内閣の姿勢は、明らかに議会軽視に当たるとして、野党や有識者などから激しく非難された。それでもこの緊急勅令は、廃案となった改正法案とほとんど同じ内容で施行され、その後の議会でも承認を得ることとなる。

要因の一つとして指摘されているのが、同年三月に起きた三・一五事件に関する報道の影響である。新聞は事件について、「金おう無欠の国体を変革」「思想的の国難」など政府発表に従った見出しで紙面を埋め、市民の危機感を煽っていた。その裏には、政府による巧妙な情報のコントロールがあった。

当時、政府には重大な事件などについて新聞への記事掲載を禁止する権限があり、三・一五事件以前、治安維持法に関連する事件については、しばらく（二百日以上）記事掲載禁止処分を付しておき、解禁とともに報道各社が一斉に報道するのが一般的だった。

しかし三・一五事件では、政府は一か月後には記事を解禁し、田中首相をはじめ政府高官が相次いで声明書や談話を発表して世論に共産主義の危険性を訴えかける報道を促した。この情報操作により、改正やむなしの機運が少なからず形成されていった。

緊急勅令が成立したもう一つの要因とされているのが、立法に至るプロセスの違いだ。緊急勅令は前述のとおり、法案を議会にかけることなく枢密院に諮詢《しじゅん》し、審議を行った後に天皇の裁可を受けて公布となる。

国体、すなわち天皇制を変革から守るという治安維持法は、帝国議会よりも、枢密院という明治以来の天皇制を重視する機関で審議する方が受け入れられやすかった。さらに、委員の人数が少なく多数派工作を行いやすいという事情もあった。

内田博文氏は、治安維持法の改正にあたって、政府が緊急勅令を選択した理由を次のように語る。

「緊急勅令という形で既成事実を作った方が、後に承認を得やすいと判断したのではないかと思います。そしてまさに、政府の予想は当たりました。確かに公布後に帝国議会で、『緊急勅令はおかしいのではないか』という声は出たのですが、最終的には『既成事実がある以上はやむを得ない』と追認することになったのです」

一方、荻野富士夫氏は、緊急勅令という異例の手段を採用した政府に、政権維持を見据えたしたたかな戦略を見る。

「田中内閣の政治的な危機が背景にあったと思います。当時、余りにも強引な政治運営や直前に行われた普通選挙での選挙干渉に対する、内閣への批判が強まっていました。それに対して政府は、『いまは内閣打倒などという、小さなことを問題にする段階ではない。君主制の転覆を図ろうとする危険きわまりない団体が生まれているのだから、まずはそれを取り締まる必要がある』と訴えたのです。批判の矛先を共産主義者に持っていこうとしたのだと思います。『天皇制の危機、国家の危機』だと煽り、緊急勅令を通過させたと言っていいでしょう」

緊急勅令は、改正法を成立させるだけでなく、「緊急事態」を喧伝して、政権への批判をかわすという一石二鳥の役割を持たされていた。枢密院という民主的な議論とは隔絶された組織を利用して、世論を巧みに誘導する情報戦略を実行した。こうして、政府は民主主義の壁をすり抜け、治安維持法改正を実現させたのである。

小林多喜二と吉野源三郎

ここからは、一九二八年の法改正以降の検挙者数急増の中で起きた、治安維持法の適用拡大を象徴するいくつかの事件について触れておきたい。目的遂行罪の導入による検挙は著名な文化人にも及んでいった。

作家の小林多喜二は一九三〇年、共産党への資金提供を疑われて目的遂行罪に問われ、豊多摩刑務所（現在の東京・中野区にあった刑務所。戦後は中野刑務所とも呼ばれた）に収容された。翌三一年一月に保釈された多喜二は同年十月に共産党に入党。地下活動を続けながら『党生活者』などの執筆を続ける。しかし三三年、特高のスパイによっておびき出され、二度目の治安維持法違反容疑で検挙されることとなった。

多喜二は北海道における三・一五事件を題材とした小説『一九二八年三月十五日』の中で、捕らえられた友人たちから詳細に聞き取った拷問の実態を克明に描き出した。その執筆活動は特高の神経を逆なでし、彼自身を拷問の犠牲者とする結果を招いた。

築地警察署内の取り調べで多喜二に行われた拷問の凄惨さは、彼の死亡後に撮影された写真が物語っている。細身で色白の上半身に対し、下半身は内出血により全体が黒く変色していた。多喜二の遺体は解剖が禁じられ、死因は「心臓麻痺」と発表された。特高は表向きでは拷問による死を否定する一方で、その後の取り調べにおいては、「お前も小林多喜二のようにしてやるぞ」と恫喝《どうかつ》したという。荻野富士夫氏は二〇一九年に入り、多喜二の遺族が死因を拷問と考え、特高を告訴しようとしていたという記録を発見した。一九三三年に治安維持法違反で検挙された弁護士の「予審尋問調書写」に、多喜二の兄弟から告訴を依頼されたという供述が記されていたのだ。しかし遺体の解剖を引き受けてくれる病院がなく、証拠不足のためか、告訴は断念されていた。

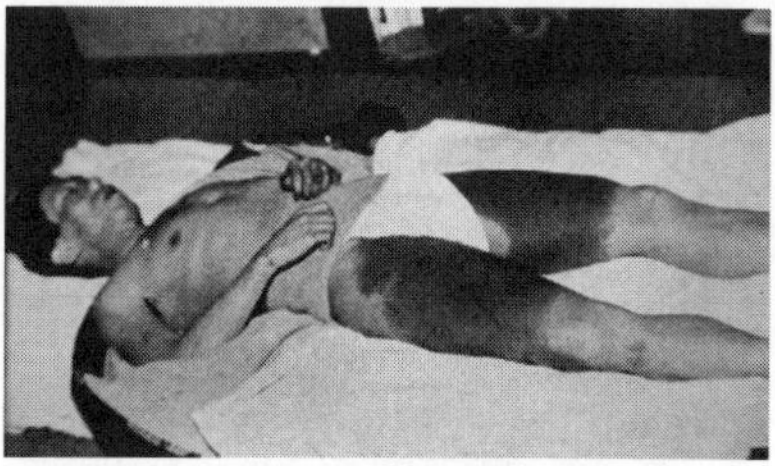
小林多喜二の遺体(新日本出版社、写真集『小林多喜二』より)

平成の終わりに大きなブームとなった『君たちはどう生きるか』を執筆した作家の吉野源三郎も、目的遂行罪によって検挙された一人である。吉野は一九三一年、東京大学の図書館司書をしていたときに、友人から共産主義者の解放運動を支援する人たちに会合の場所を提供してほしいと相談され、それを引き受けたことが明るみに出て検挙されていた。

当時陸軍の予備役として兵役中だった吉野は、一年半にわたって代々木の陸軍刑務所に投獄され、軍法会議を受けることとなる。獄中で吉野は、自らが友人の情報を漏らしてしまうことを恐れ、電球のかけらで顎を切って自殺を図ったという。

出獄後二年間の失職状態を経て、一九三七年に児童向け文庫として出版したのが『君たちはどう生きるか』だった。後年吉野は、教育学者の堀尾輝久《ほりおてるひさ》との対談でこの時期を回想して次のように語っている。

実際にあのときの私たち――いや、私の――気持といえば、嵐の中で顔を伏せて耐えているようなものでした。支えてくれているのは、ただいつか、いつかは……という未来への期待でした。歴史はここで終わるはずがないんだ、いつかはこの歴史的状況が変わるときがくる、変えられるときが来る、それに備えて今は……と、そればかり念じていました。子どもへの期待というものも、私の場合、つぎの時代への期待だったのですね。

（「特集　現代教育の根本問題　思想・文化・教育」『季刊　科学と思想』一九七二年四月号所収、新日本出版社）

吉野の状況を考えるに、「嵐」とは治安維持法をはじめとする思想弾圧のことだろう。このときに吉野を支えたという「未来への期待」こそが、その後の執筆の原動力となったのではないだろうか。

ところで、二・四事件が起きた一九三三年には、目的遂行罪の適用範囲は量的にも質的にも最大限に拡大していたが、このうち量的な拡大の最も大きなきっかけは、二・四事件以降、先に述べた全国的な労働組合だった全協が、共産党と並ぶ「国体変革結社」とみなされるようになったことである。

吉野源三郎（写真・共同通信社）

全協は三二年九月より、共産党の強い指導に押し切られる形で、「天皇制打倒のための闘争」をスローガンとして掲げていた。当局はその機会を敏感に捉え、全協そのものを治安維持法に違反する国体の変革を目的とする結社とみなし、関係者に対する徹底的検挙に着手したのである。

一九三三年に行われた全協関連の取締りは一道三府九県にわたり、検挙総人員四千五百三十七人、起訴収容者総数五百四十三人に上った。こうして全協は解体を余儀なくされていったが、さらに同年後半には全協とは違い、「天皇制の打倒」などを掲げていない日本プロレタリア文化連盟をはじめとする共産党の外郭団体にも目的遂行罪の適用が拡大されていく。

内務省警保局『社会運動の状況　昭和八年』には「最近に至りては文化団体内に於ける党同盟の活動のみならず、単にコップ［日本プロレタリア文化連盟］に属する文化運動に従事したる者に対しても治安維持法の所謂《いわゆる》目的遂行罪を適用し、漸次其の範囲を拡大厳重取締を為しつつあり」と、その実情が記されている。

弁護士も裁判官も捕まった

目的遂行罪の広がりを強く後押しした事件として注目されるのが、一九三三年九月に起きた日本労農弁護士団事件である。この事件で治安維持法違反に問われて検挙されたのは、現職の弁護士十七人だった。

罪に問われた行為は、三・一五事件の裁判で治安維持法違反に問われた共産党員を弁護したことであり、その弁護活動が目的遂行罪に当たるとされた。刑法学者の内田博文氏は、事件の影響の大きさを次のように述べる。

「治安維持法違反事件の弁護に積極的な弁護士団体が、目的遂行罪による検挙によってほとんど壊滅状態になり、組織的に治安維持法違反事件の弁護を行うことができなくなってしまいました。そうすると、個々の弁護士が個別にリスクを引き受けざるを得ない。いつなんどき治安維持法違反で有罪判決を言い渡されて刑務所に入れられるかもわからない。実際に治安維持法で起訴された弁護士は少なくありません。獄中で病死された方や、仮釈放で出獄されたあとに健康を害して病気で亡くなられた方もいるのです」

被告人となった弁護士たちへの判決は有罪となり、弁護士資格も剝奪された。一見いまの時代とはかけ離れた荒唐無稽な事件のようにも感じるが、近年、中国でも多くの弁護士が検挙されている状況を見れば、現代では起こり得ないことだと簡単に切り捨てることはできない。

さらにもう一つ、法曹関連の事件として内田氏が注目するのが、一九三二年の暮れから翌三三年一月にかけて起きた司法官赤化事件である。この事件では、現役の判事四人と裁判所の職員五人が検挙され、一人が共産党の結社加入罪で、それ以外の者が党へのカンパや党員を自宅に宿泊させたことを理由とした目的遂行罪で有罪とされた。

教育と並んで国家の根幹と考えられていた司法の場に左翼思想の持ち主がいたことに、世間は大きな騒ぎとなり、衆議院では同時期に起きた二・四事件と併せて対応を検討するため秘密裏に会議が行われる事態となった。

内田氏は、裁判官が治安維持法違反に問われたことで、治安維持法違反事件の裁判に臨む裁判官の態度が及び腰になっていったと分析している。

「その当時、裁判官だろうと誰だろうと、一定の学識を持っている人たちのほとんどは、社会主義に一般的な意味での関心を持っていたわけです。本棚には一冊か二冊は社会主義運動関係の本があるわけですね。司法官赤化事件では、『ほら、この本があるではないか』と問い詰められたわけです。そして、『家に泊めた友人というのは活動家ではないのか。おまえも同じ考え方ではないのか』という論理で起訴されていきました」

この事件は、たとえ裁判官であっても共産主義に少しでも肩入れすれば検挙されることを社会に示し、市民の考え方をますます萎縮させた。

内田氏はこのころから、思想検事を中心とする検察や特高警察が自らの都合に合わせて、多少強引とも思える解釈でも治安維持法の目的遂行罪を適用し、有罪とする判断を押し通すようになったと語る。

「捜査機関の裁判所に対する態度は、『裁判官だから、社会主義運動の実態を知らないでしょう。彼らは表面的には合法な活動を装っているけれど、実際はそうではない。それを見抜く力は我々特高警察や思想検事にしかない。だから我々が起訴した以上は、あなた方は黙って有罪判決を出せばいい』というものでした。裁判官はそれに迎合し、目的遂行罪の運用をチェックする役割を放棄していったのです」

裁判官による追認は、治安維持法による処罰の実質的な判断を、裁判の場ではなく、被疑者を裁判にかけるかどうか決める検察官が担うことを意味していた。これにより、治安維持法の運用における思想検事の影響力は一気に拡大する。

ちなみに司法赤化事件における検挙者の一人である札幌地方裁判所の判事、瀧内禮作《たきうちれいさく》を検挙したのは、三・一五事件において札幌で捜査に当たった谷岡茂満さんだった。事件前年の秋に特高に昇進していたばかりの谷岡さんは、ここでも〝活躍〟が認められ、賞金五円を下賜されたことが『自序』に記されている。一警察官だった谷岡さんの仕事が社会全体に与えた影響としては、三・一五事件よりもむしろこの司法赤化事件の方が大きかったかもしれない。

目的遂行罪の導入は言うまでもなく、谷岡さんたち特高警察の活動にも拍車をかけた。一九三二年に内務省警保局の木下英一《きのしたえいいち》によって出版された『特高法令の新研究』（松華堂書店）では、改正治安維持法は、「法が目的遂行うんぬんと極めて概括的な規定をなした点から言っても、なるべく広義に解すべきもの」であり「至れり尽くせりの此の重要法令」と位置付けられている。

思想検事が目的遂行罪の適用拡大の論理を開発し、裁判所が判決によって運用を追認したことで、取締りの領域は際限なく広がった。特高もまた、治安維持法の威力を十分に自覚して、目一杯の活用を実践したのである。

第三章　転向させられた人々

転向が当局の大目標となった

目的遂行罪の導入によって一九二八年から増え続けた国内の検挙者数は、三三年には一年間で一万四千六百二十二人にまで膨れ上がった。しかし翌年以降、その傾向が一転する。三四年は年間の検挙者数が一気に一万人以上減って三千九百九十四人となり、三五年にはさらに半分以下の千七百八十五人にまで激減した。これまでにない変化は何を意味しているのだろうか。

検挙者数が減った大きな要因の一つとして、前章まで見てきた特高による徹底的な取締りによって、外郭団体が次々に摘発されたり、自主的な解散に追い込まれたりしていたことが挙げられる。労働組合や文化団体をはじめとする外郭団体が機能停止したことで、社会運動に身を投じようとする人たちの受け皿が失われ、治安維持法違反とされるような活動をする場自体が少なくなっていったのである。

そしてもう一つ、検挙者数の減少に大きく寄与した動きとして注目されるのが、特に思想検事たちによって強力に推し進められていた「転向政策」である。

一般的に「転向」とは、ある思想を捨てることを意味する。しかし司法当局が当初、転向政策で目指していたのは、社会主義的な思想の持ち主に（肉体的、精神的な干渉を行うことで）治安維持法に違反するような行動を放棄させることだった。その目標が行動だけで

図　日本国内における治安維持法による検挙者数の推移

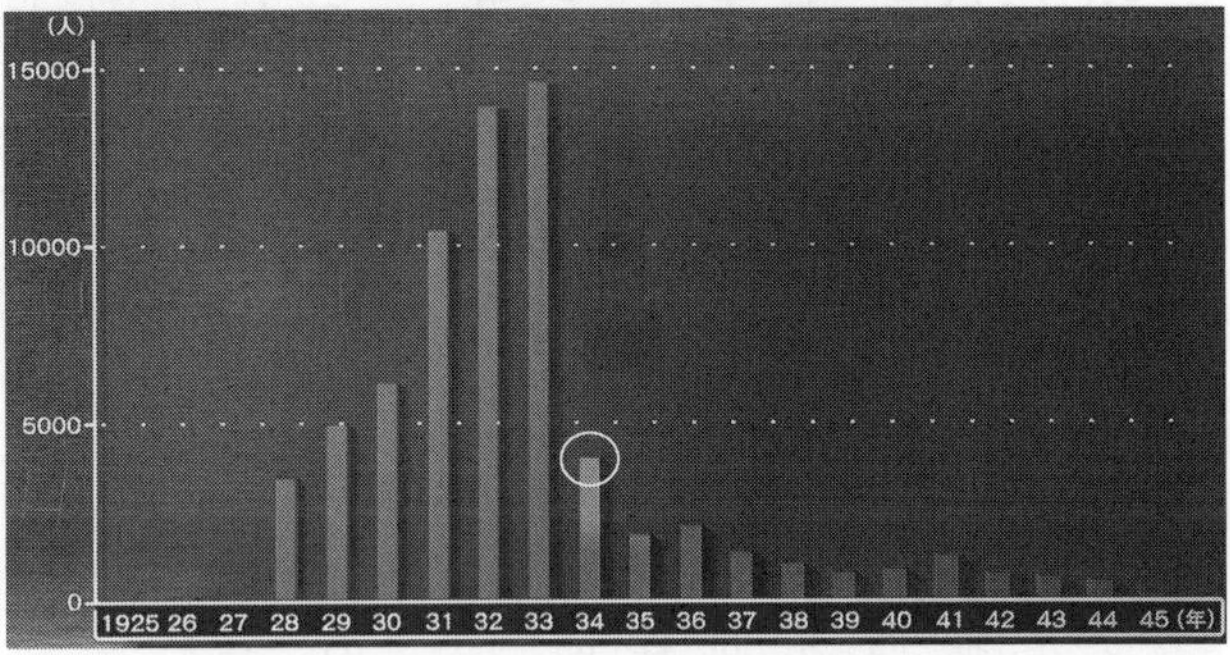

なく思想を放棄させることに変わっていく過程は、この章で後に詳しく見ていく。

内務省警保局『治安維持法違反検挙者調等』(国立公文書館所蔵)によれば、当局は一九三五年四月までに治安維持法に違反した人たちのうち、実に八割を転向ないし準転向(行動を放棄したか、思想の放棄が見込まれる者)させたと報告している。

歴史学者の荻野富士夫氏は、思想検事らが転向政策を重視した理由について、思想犯罪に特有の再犯の多さがあったと指摘する。

「取り締まって実際に司法処分をしたとしても、再び運動に戻ってくるとなると、彼らを何とか運動から離脱させることを考えなければいけなかったのだと思います」

治安維持法の対象とされる思想犯罪においては、具体的な行為ではなく、その人の内心そのものが

〝犯罪〟の要件とされる。そのため、考え方を根本的に変えない限りは再び問題となる行為を繰り返し、検挙されることになる。特に一九三〇年代初頭からの大量検挙時代においては、検挙されても起訴に至らずに釈放されたり、判決を受けても執行猶予となったりする人が相次いでいた。当局にとっては、社会に戻ってきた膨大な数の思想犯の再犯を防ぐことが喫緊《きっきん》の課題となっていたのである。

利用された家族

ここから、前章で述べた長野の二・四事件を例に、当局がどのようにして人々に転向を促したのかを見ていこう。同事件では、検挙された教員組合関係者二百三十人のうち二十七人が起訴され、その全員が転向を表明している。

転向政策を行う上では、対象となる人物がどの程度、社会主義的な思想を自覚して行動していたかが重要となる。二・四事件においては、起訴されずに釈放された末端の教師たちの大半がほとんど自覚もなく捕まったのに対し、事件の中心人物として起訴された二十七人の教師たちは、自らの運動が検挙の対象となる可能性があることを自覚していた。

たとえば、組合のリーダーだった藤原晃《ふじわらあきら》は戦後、「非合法の運動に自覚的に入るということは大変勇気がいることで、もちろん牢獄を覚悟して少なくとも職を失うという生活にかかわる問題で、しかし結局我々は真理に生きる、という立場だったんです」と強い信念を持って行動していたことを証言している（藤原晃『いま学ぶ「二・四」事件』、佐藤良・野村淳一「［解説］藤原晃公判速記録」より重引。前田一男編『１９３０年代「教員赤化事件」（「二・四事件」）の研究 「裁判記録」を通して』所収）。

その藤原は自分や仲間たちが転向を表明した理由について次のように語っている。

「転向の問題です。結局私たちは全部というかほとんど転向したんです。その転向は理論よりも拷問にまいったという、身体的な要素です。こんな拷問を受けたんじゃもう耐えられないということです」

「個室に正座させられ、放っておかれる（中略）バットを正座した両膝とふくらはぎの中にはさませて責めるんで肉体的にまいってしまいます。（中略）それで、しつこい誘導尋問でしょう。（中略）あまりつづくんで、頭もぼうっとしてきて、そうなのかなと思うようになっていっちゃうんです」（同右）

藤原の証言からは、拷問による肉体的な苦痛に耐えられず、転向を強要されていたことが窺える。検挙者たちは衛生状態が極めて悪い留置所で長期間にわたり勾留された。「この生活がいつまで続くのか」知りえない状態に置き、「ここから抜け出したい」という焦燥感を持つよう仕向ける——。これは特高で旧来から頻繁に行われてきた手段だった。

二・四事件当時の新聞記事からは、藤原の転向に向けて行われたアプローチが拷問や拘留だけではなかったことも垣間見える。そこで利用されていたのは、家族だった。

［藤原晃の父］道四郎氏は悲嘆に暮れながらも獄中にある晃の許《もと》に度々手紙を認《したた》め転向の一日も早からん事を神仏に祈りつつあるが、晃が獄中より実父に送った手紙の一片を見ると左の如きものがある。「［中略］兄上等の事ども心配に之有り。誓って父の意に従い転向致すべく、今までの不孝の数々を取戻す可く努力したく思いつめ居り候《そうろう》 後略」

（「信濃毎日新聞」一九三三年九月十五日付号外）

二・四事件の研究を行う前田一男氏は、検挙された人たちの家族による説得が、本人の思想に少なくない動揺を与えたと考えている。

「九月十五日に記事が解禁されて、二・四事件に関する号外が出ます。そこに、お母さんがこれだけ悲しんでいる、家の者がこれだけ心配している、という検挙者の家族の言葉が何か所も出てきます。こうした報道は、検挙された人の内心に強く影響します。自分が思っている以上に家族も両親も心配していたこと。「[家族が]」田畑を売って弁護士費用を出したこと。それがわかってくると、自分の頭では正しいことをやっていると思っていても、家庭や周囲が迷惑を被るという矛盾が出てくるのです」

前掲の『治安維持法違反検挙者調等』では、思想犯が自らの考えを見直す動機について、一九三五年四月までの違反者を対象に調査・報告している。最も多い動機は「近親愛其の他　家庭関係」であり、調査の対象となった五千九十三人のうち実に五十一パーセントと半数以上を占めていた。ちなみに二位は「理論の清算」で十七パーセント、続いて「国民的自覚」の十五パーセントとなっている。

物理的な拷問とは異なる、このような心理的なアプローチを用いて転向を促す方法を研究・開発したのが思想検事たちである。荻野富士夫氏は特高と思想検事が用いた転向政策には質的な違いがあったと語る。

「特高のやり方は、拷問を行い、『検挙されると、こういう痛い目に遭うのだ』と体に覚えさせて運動からの離脱を図らせるものでした。思想検事による転向政策はもう少し巧妙な形で、検挙された人たちの生き方とか考え方のコントロールを図っていくものだったと思います。『思想善導』［思想を良い方向へ導くこと］すべきだということもよく言われるようになっていました」

学生たちを泳がせた留保処分

思想検事たちは、転向政策において司法処分の権限を存分に活用した。その始まりは、治安維持法違反で検挙された学生たちの処分を緩和し、転向を促す取り組みで、一九三〇年ごろから確認されている。これはちょうど目的遂行罪が新聞や機関紙の頒布にまで適用され、検挙者数が増加していた時期である。

三・一五事件以来、当局は目的遂行罪で検挙された人たちの中に若い学生が数多く含まれていたことを憂慮しており、将来のある学生たちに必罰主義をもって臨むのは得策ではないと考えていた。かえって反発を生み、結果として思想犯罪の悪化や増加を招く可能性があるからだ。

とはいえ、社会主義的な思想を持っている人々をそのまま釈放して社会に返すわけにはいかない。そこで新たに開発されたのが「留保処分」という制度である。これは、ある検挙者に対し起訴・不起訴の決定をせず、一定期間（通常は半年）検事がいつでも取り調べができる状態のまま社会に戻して生活をさせ、改悛《かいしゅん》の具合を見て処分を決定するというものだった。荻野富士夫氏は、この留保処分の運用について次のように語る。

「留保処分は、対象者を半年間ほど宙ぶらりんな状態にしておいて、そこでまた再び運動の方に戻っていけば起訴するというものです。これは彼らの転向を進めていく上で大変有効な手段になりました。思想検事たちはそれまで、思想犯罪の分野において特高に比べると後塵《こうじん》を拝していましたが、次第に本領を発揮して、司法処分を通じて人々の思想をコントロールすることを目指していきました。そこでは、家族愛を強調したり、『日本人としての原点に立ち返れ』、言い換えれば、天皇や国家への帰属を求めたりして、運動からの離脱を促進していったのです」

「治安維持法違反事件年度別処理人員表」(『現代史資料45　治安維持法』所収)によれば、統計上、留保処分は一九三一年に初めて六十七件が記録され、翌年にはすぐに七百十七件と十倍以上となり、さらに次の年には千十六件と急増している。

ここからは留保処分が再犯を防ぐにあたって、一定の成果を上げていたことが読み取れる。司法省刑事局の「留保処分に関する調査」(『思想月報』第十一号所収、一九三五年五月)によれば、留保処分を適用した人たちの再検挙率は約五パーセントにとどまり、その成績は「頗《すこぶ》る良好」とされた。

ところで、ある検挙者を留保処分にするかどうかの判断の基準は、「意識の深浅」や「思想転向し、将来適法なる生活を営むの見込の有無」とされたが、もう一つ、確実に転向へと結びつける上で重要な基準があった(「思想犯人に対する留保処分取扱規定、昭和七年一二月二六日秘二〇〇六号、検事正宛司法大臣訓令」。『小史』より重引)。保護者や親族、知人、学校教職員などの「身元引受人」の有無である。

身元引受人の八割以上は親族で、彼らは少なくとも月一回、留保処分を受けた者について当局に「視察報告」、つまり監視して報告することを義務付けられた。報告内容は、本人の交友関係や外出先、手紙がどこから届いたか、収入や支出の内訳、読んでいる本の内容まで生活のすみずみにわたっていた。

留保処分とされた者は、身内から〝アカ〟を出すことを恐れる家族や親族によって、四六時中、監視の下に置かれながら生活し、転向したことをその行動で示さなければならなくなった。

憲法学者の奥平康弘は、思想検察が考案したこの身元引受人による視察（監視）は「特殊日本的な家族主義にからめて『転向』をひき出し確定するものとして、きわめて効果的」だったとする。また警察がわざわざ視察に出向く必要がないため、「明治以来［中略］警察が行ってきた要視察人・特別要視察人制度に比べて、はるかに安上がり」で、しかもその内容は「官憲によるそれよりも、はるかにプライバシーの深部にわたりうる」としてその重要性を重ねて強調している（『小史』）。

裁判官はいかに被告人を追い詰めたか

司法処分の過程における転向へのアプローチは、留保処分の適用を受けることができず、起訴されて刑務所に拘禁された未決囚にも引き続き行われた。未決囚は警察の留置所から刑務所に移されるが、彼らには相変わらず「自分はいつ出獄できるのか」という焦燥感がつきまとった。

その心理を捉え、彼らを転向に向かわせるためのアメとして利用されたのが、裁判所が決定する「保釈」や被告人を親類預けにする「責付《せきふ》」といった制度、または執行猶予付きの判決による拘禁状態からの解放である。

これらの制度のうち保釈と責付を認めるかどうかは、検察官の意見を聞き、裁判所が決定するとされていたため、転向を判断して未決囚を社会に戻す権限は実質上、思想検事たちの手に握られていた。

その一方で、判決に執行猶予を付けるかどうかについては、裁判所に判断が委ねられていた。しかしここにおいて裁判所も、執行猶予を付けるかどうか、または執行猶予を付けないとしても刑を軽くするかどうかの判断を転向の有無によって行った。つまり、特高による検挙から、検察による起訴、そして裁判官による裁判に至るまで、すべての過程において検挙者を転向へと仕向ける体制が作り上げられていたのだ。

二〇一八年三月、長野の二・四事件で起訴された六人の教師たちの裁判記録が、新たに公開された。資料を翻刻した前田一男氏は、それぞれの被告人に費やされた記録の文字数に着目し、裁判の中でどのような内容にどのくらいの頻度や長さで尋問や答弁が行われていたか、分類してその文字数を分析した。

すると、すべての公判において裁判官によって「転向に関する質疑」が行われており、そのやりとりが全体の四割近くを占める公判も存在することが明らかになった。

ここでは前田一男氏らの研究成果に基づき、二・四事件の実質的リーダーと目されていた前出の藤原晃に対する尋問の記録を見ていこう。藤原の公判は、起訴された二十七人の中で最初に行われ、後に続く公判の方向性を左右する極めて重要な役割があったと考えられる。藤原の公判の中で「転向に関する質疑」に費やされた文字数は全体の十八パーセントだった。

まず裁判長が重視したのは、被告人が転向させるべき天皇制廃止の思想を持っていたかどうか、国体の変革を認識して活動していたかどうかの事実確認である。なおこの裁判は、藤原に対して特高による拷問や検事による追及が行われたあとのものであることに留意して読んでほしい。

裁判長　［略］運動をなした目的は共産主義に共鳴して共産党の目的を達せしめて、そうして此地上に共産主義社会を打立てようと云う意図の下にやったことになるかね。

藤原　そうです。

裁判長　そうすると、其当時共産党のスローガンの中には暴力革命に依る天皇制廃止、私有財産制度の撤廃と云うこともあるが承知して居ったか。

藤原　天皇制廃止と云う事に付てははっきりした考えを持って居なかった訳です。随《したが》って共産党のスローガンの天皇制廃止に付ては、特別進んでやる気にはなれなかったのです。

（「藤原晃陳述速記録」、前田一男編『「長野県教員赤化事件」関係資料集』所収、六花出版）

天皇制廃止について曖昧な発言で尋問の核心部分を回避しようとする藤原に対し、裁判長は質問の角度を変えて執拗に追及する。

裁判長　そんな生ぬるい革命運動者があるかね。社会の急迫した客観情勢を見、マルクス主義理論も研究し、〔中略〕共産主義が最も正しいと其正当性を認めるに至ったと云うからには、天皇制の廃止や暴力革命に依る私有財産制度の否認と云う様なことも是認しなければならぬ訳になるだろう。

藤原　〔略〕理論上では天皇制廃止も是認して居りましたが、実践上でははっきりして居らない気持ちがあったのです。（同右）

天皇制廃止について「理論上での是認」を認めた藤原に対し、続いて裁判長が行ったのが、被告人の現在の思想の確認作業である。このとき裁判長が重視していた要点について、前田一男氏は次のように分析する。

「特に重視したのは次の二つです。共産主義的な考え方を自分で清算しているかどうか。天皇制についてしっかりと自分なりの認識を持ち、現場に復帰したときにそのことを子どもたちに伝えるかどうか。小学校という現場で、治安維持法の違反になるような実践があったという象徴的な事件が二・四事件であり、それ［被告人の思想］を徹底的に弾圧しなければならないという意識は、この裁判記録にとても強く出ています」

裁判長　そうか。［理論上では天皇制廃止を］是認して居ったのだね。然らば暴力革命に依る私有財産制否認や天皇制廃止を支持することの可否如何《いかん》。詰《つま》り今の考えはどうだ？

藤原　現在は共産主義思想を全然放棄しております。［中略］日本の国と天皇制と云うものは切離して考える事は出来ない。理論的に吾々個人があって国家と云うものがある［の］でなくて国家があって初めて個人があるのだと考えます。［中略］日本に於て天皇制を廃止することは自分自身を否定することになる。自分を肯定してこそ初めて人間として人格ある生活を為し得る。［中略］教育観を考え直し、更に正しい教育の指導的教育を建直さねばならぬ。［中略］今迄犯した罪は生涯拭い取れるものではないが、併《しか》し全力を尽して努力する事に依って神は初めて過去の罪を許して呉れるであろうと只願うだけです。

［中略］

裁判長　そうすると、現在は日本民族主義、日本精神によみ返って、マルクス論は理論其ものは一面的に偏した理論であると知った。自分達は自分の国を守りつつ、世界平和に貢献しなければならぬのに共産主義の目的はそれに反して居ると云うのか。

藤原　其の通りです。（同右）

前田一男氏は、こうした裁判所による思想の確認作業そのものが、被告人の転向を確定させるために行われていたと指摘する。

「藤原さんは『自分は共産主義を捨てました』と答えたあと、『日本において天皇制を廃止することは、自分自身を否定することになる』と続けています。自分の日本人としての生き方と天皇制が一体化しているという認識に変わっている。そして転向の論理を自分なりに陳述しています。これは裁判記録が残る、六人の被告人すべてに共通するところです。『私有財産制の否認はやっぱり間違っていました。天皇制についてあらためてその価値を見直します』。それらの表現自体が、転向と解釈できるわけです」

転向は報道された

さらに前田一男氏は、裁判所がここまで執拗に転向を確認する理由として、公判内容を伝える報道がもたらす社会的な影響の大きさを挙げる。

「公判の内容が報道されることで『検挙された人や共産主義的な考え方を持っていた人がしっかりと転向しましたよ』と、社会に印象付ける役割もあったと思います」

ここで、当時の新聞記事の見出しを見てみよう。

聖徳を讃え奉り 転向を誓う しんみり過ちを悔ゆ
（藤原晃の公判、「信濃毎日新聞」一九三四年四月十八日付）

法廷、肉親愛の涙溢れ 柴草泣いて転向誓う
（柴草要《しばくさかなめ》の公判、「信濃毎日新聞」一九三四年四月十九日付）

共産主義を捨て 同胞主義へ 教育界へも申訳なし 涙と共に転向を告白
(山田国廣《やまだくにひろ》の公判、「信濃毎日新聞」一九三四年四月二十一日付)

前田氏は、二・四事件の教師たち自身も、同じ時期に出されたある全国的な報道に影響を受け、転向に向かったのではないかと見ている。一九三三年六月九日に共産党中央委員長の佐野学と幹部の鍋山貞親《なべやまさだちか》が獄中から発表した「転向声明書」の報道である。党の中心人物の転向を受け、取締当局は両名の名前で公表された「共同被告同志に告ぐる書」を増刷し、全国六百人の共産党関係被告人に送付した(「東京朝日新聞」一九三三年六月十五日付)。

指導的な役割を担っていた両名の転向は、党の関係者のみならず、他の左翼団体に対しても甚大な影響を及ぼした。翌七月、十四歳で検挙・拷問された大竹一燈子さんの義理の父、三田村四郎が転向を表明。さらに、貧困と格差の問題を取り上げベストセラーとなった『貧乏物語』の著者である河上肇《かわかみはじめ》も「獄中独語」を発表し、運動から離脱、転向の〝なだれ現象〟が起こった。

司法省の調べによれば、佐野・鍋山両名の転向表明からおよそ二か月間のうちに、治安維持法違反による未決・既決囚千七百六十三人のうち三十一パーセントに当たる五百四十八人が転向したという（「東京朝日新聞」一九三三年九月五日付）。

一九三四年四月には、前審で無期懲役を求刑されていた佐野と鍋山の求刑が、転向後に懲役十五年に軽減されたことが報道された。長野の教師たちが転向したのは、このような空前の〝転向ブーム〟に関する情報が乱れ飛ぶ最中だった。

末端の教師たちの転向

これまで、社会主義的な思想を持っていた治安維持法違反者に、当局がいかに思想を捨てさせ、転向へと向かわせたかを見てきた。しかし二・四事件で、起訴されずに釈放されたような末端の教師たちの記録に目を通すと、転向政策の別の側面が見えてくる。

『長野県社会運動史』（長野県特高課）には、立澤千尋さんをはじめ、二・四事件で検挙された教師たちの取り調べの一覧表が収められている。先述したとおり、彼らの中には共産党員は一人もおらず、立澤さんのように「自分は治安維持法に違反するような思想を持っている」という自覚すらなかった人が大半だったと思われる。言うなれば、彼らは転向すべき思想を持ち合わせていなかったのである。

ところが取り調べの調査項目を見ると、全員が転向したかどうかを確認されており、立澤さんの取調表にも転向を示す「転」の文字が記されていた。もともと強固な社会主義思想を持っていたわけではない立澤さんの転向とは、いったい何を意味するのか。
立澤さんの日記からは、検挙されたあとの心の移り変わりが窺い知れる。警察での取り調べ後、勤務していた中箕輪尋常高等小学校に戻ることを許されなかった立澤さんは、休職処分となり自宅での謹慎を命じられていた。謹慎が始まって一か月後、立澤さんは次のように書いている。

三月二十八日
己のわずかな仕送りに細々と生計を立てていた老いし両親の前に、罪の子は云いうることが何かあろうか。慰め、いたわってやりたい父母に、却《かえ》って慰めて貰《もら》う立場になった己は苦しい。父母を慰めるには、己の復職が決定せねば出来ぬことだ……。ああ、恐ろしい渦中に己は巻き込まれた。老親に思いもよらぬ悲しみをさせ、しかも許すことの出来ない罪を作ろうとした。一日でも一時でも早く復職したい。働きたい。罪を償いたい。

立澤さんは、家族を苦しめてしまった自責の念に駆られるとともに、復職したいという強い願望を抱いていた。

奥平康弘によれば、二・四事件において立澤さんのように休職処分となった者は、視学（旧制の学校教育で、学事の視察、教職員の監督に当たった地方官）による個別の面接調査で厳しい査問を受けた。そして復職の可能性のある休職者に対しては、「七項目の詳細なる告白文を提出せしめ、郷里に宅控えを命じて日記感想文の記述をなさしめ、かつ毎月一回以上所属学校長を訪問し、その検閲を受けしむること」とされていたという（『小史』）。

前田一男氏は、復職を目指す教師たちは、教育当局が望む思想を持つよう求められていたと語る。

「日本がちょうど国際連盟から脱退するタイミングにあって、思想的な意味での国民統合が一層求められたこともあるでしょう。『これからの教育の方向性と違う考え方は可能な限り排除しなければならない。思想対策、教育勅語を中心とする教育をより厳密にやっていく』ということだと思います。そのために教師たちを検挙し、彼らの思想を天皇制を支持する教育に向けてもらうということです」

自己分析を続ける青年教師

校長や官吏による〝指導〟が続く中、立澤さんは四月に入ると、なぜ自分が社会主義的な人々との付き合いをするに至ったのか、自己分析を試みるようになる。

四月九日

終日、誘惑されしころの自分の生活が悔やまれてならない。「新しい」と云うこと、只そのことに自分は引き込まれていったのであった。自分という者がひどく時代後れであって、小天地《しょうてんち》［小さな世界］に跼蹐《きょくせき》［縮こまりおそるおそる歩く］していると思う。そのことがやっぱり彼らに乗ぜられた最大の原因であった。自分に対する正しい自覚、国民教育者としての動かない信念が薄かったばかりに、軽はくな言説に迎合せねばならなかった。［中略］自分さえしっかりしていれば、誘惑された時断りさえすれば、児童や先生や村や教育界すべてに迷惑をかけずに済んだものをと思うのだ――。

ここでは、仲間の教師たちに教わった社会主義的な考え方を「軽はくな言説」と切り捨てている。このころ、実家での謹慎生活を続ける立澤さんは、周囲の村人との関係の変化にも精神をさいなまれていた。

四月二十一日

村会議員選挙の日、役場まで行く。逢う人みな己を白眼視しているごとき感じして悲しくてならず。［中略］俺は本当に世の中から捨てられるのかもしれぬ。

当時の社会において〝アカ〟のレッテルを貼られて暮らすことがいかに肩身の狭いものだったのかが窺える。そして事件から四か月後の六月には、立澤さんは自分が新たに目指すべき姿について記すようになる。

復職した直後の立澤さん

六月十七日
五月ころから自分の心には、百姓をみっしり出来ない様な精神では、到底救われた所で立派な教師にはなり得ないという考えが起きて来ていた。この心境は真に正しかった。終日、父母のために、土に汗することが出来る。人間として国民として真に正しくなるところこそ吾が全力をあげて希望すべきであった。［中略］惜しむらくはもっと早く斯《か》かる心になったならばと思う。生来の鈍根《どんこん》［頭が鈍いこと］は漸《よう》く今にしてそのことを感じたのだ……。

こうして「人間として国民として真に正しくなる」ことを決意した立澤さんは、その姿勢が認められ、教職への復帰を許される。事件から一年後の一九三四年には、もともと勤務していた上伊那郡の隣、西筑摩郡（現・木曽郡）の小学校で再び教壇に立ち、翌年には古巣である上伊那郡の小学校に転任、その後も上伊那の学校での勤務が続く。

そこで立澤さんを待ち受けていたのは、ある国策への協力だった。

教え子を満州へ送り込む国策

一九三〇年代後半、日本は長引く不況の出口を求め、旧満州（現・中国東北部）に進出していた。移民政策を打ち出した政府にとって、その柱の一つが三八年に始まった「満蒙開拓青少年義勇軍」だった。

背景には、日中戦争が激しさを増す中、成人男性が軍隊に召集され、農業移民数が伸び悩んでいたことがあった。そこで移民政策を推進する拓務省《たくむしょう》（日本の植民地の統治事務・監督を担当した省庁）は、十五歳から十八歳の少年を募集して茨城県の訓練所で数か月の技術的・精神的訓練を行ったあと、現地の訓練所に送り出し、最終的に開拓団に編入する事業を始めたのである。
少年たちを農業の担い手とすることが大義名分だったが、実際にはその多くが予備役軍人として徴用されるようになり、ソ連との国境近くに配置された。その結果、ソ連侵攻時には少年たちの多くが犠牲となった。
長野の教師たちは、この義勇軍に児童を送り出すよう、学校ごとに人数を割り当てられた。時期はやや後になるが、立澤さんの日記にも「義勇軍」の文字が頻繁に登場する。立澤さんも放課後になると、教え子の家を繰り返し訪ね、説得を重ねていたのである。

［一九四三年］一月十二日
帰りに所［地名］の家にゆく。義勇軍の件、未だ決定せず。

一月十四日
放課後幸太の家にゆく。義勇軍すすめに、とにかくしばらく辰野［地名］へ行って戻ることとする。暗くなりぎわに帰る。

一月十九日
義勇軍中々決定せず。どうも嫌気がさしてきているらしい。それが目についてきたように思う。山口［地名］から［満州に］行っている横山氏が帰ってきていて、しばらく話してもらう。それが一向にひびいていかない。

日記からは、家庭から我が子を引き離すことになる満州行きを、親に納得させることがいかに困難だったかが読み取れる。この仕事が立澤さんにとって決して気の進むものではなかったことは、当時詠んでいた短歌にも表れている。

満州は　倅《せがれ》すすまずと　うちつけに　稲扱機《いねこきき》をば　ふみしまま言う

父親の死後に日記や短歌を読んだ娘の三浦さんは、与えられた割り当てを達成するため、必死の説得を重ねた父親の心境を推察した。
「これの前に二・四事件があったわけです。だから『国が言うことに逆らっちゃいけない。国が言うことなんだから、正しいと思わなくちゃいけない』。自分の使命だと思うようにしたんじゃないかと」

国家に積極的に従う国民を作る

本章冒頭で述べたとおり、そもそも司法当局は転向政策によって、社会主義的な思想の持ち主に治安維持法に違反するような行動を放棄させることを目指しており、思想・信条は問わなかった。共産主義を信奉していても、共産党に加入したり、その手助けとなる運動をしなければ問題はないとされていたのである。

この基準からすると、立澤さんたちのように社会主義思想を持ち合わせていない人たちは転向政策の対象にならないはずだった。しかし、一九三〇年代に入り、転向が続出するにつれて、司法当局はどのような状態が社会にとって望ましい転向であるかを検討し始める。

中でも転向の定義をより厳密にするべきだと主張したのが、思想部の初代書記官から司法省刑事局に異動していた池田克だった。池田によれば、思想犯たちに運動を離脱するだけの「行動的方向転換」をさせるだけでは十分でなく、今後は共産主義思想を放棄する「理論的方向転換」に向かわせるべき、というのである（「思想犯人教化問題の考察」『警察研究』第三巻第一号所収、一九三二年一月）。

池田の主張は翌年十二月には行刑局（刑務所など矯正施設の管理・監督を行う部局。現・

矯正局）の通牒として正式に実現し、転向者とは「国体変革は素より現存社会制度を非合法手段を以て変革せんとする革命思想を拋棄《ほうき》したる者を謂《い》う（傍点引用者）」と定義された（「改悛の状態分類」、行刑局長通牒、一九三三年一二月。『小史』より重引）。これにより、転向による留保処分などの恩恵を受けるためには、運動を実践しないだけでなく、思想そのものを捨てることが求められるようになったのである。

奥平康弘は、人の「行動」ではなく、「思想」つまり心の中を問題とするこの基準について「治安維持法は『革命思想』の拋棄を強制するための、文字どおり思想弾圧法へと飛躍的な展開をとげた」とし、治安維持法に決定的な性格の変化をもたらしたと指摘している（『小史』）。さらに、一九三〇年代後半に入り日中戦争が本格化してくると、転向政策は次の段階へと進んでいく。

一九三六年末に東京保護観察所（東京・千駄ヶ谷に存在した、思想犯のための更正施設）で定められた、「思想進化段階論」によれば、転向とは、「マルクス主義を批判する程度では十分ではなく、そこから「完全に日本精神を理解せりと認めらるるに至りたるもの」へと進化し、最終的には「日本精神を体得して実践躬行《きゅうこう》［自分で実際に行動すること］の域に到達せるもの」でなければならないという（『小史』）。

つまり、思想を捨てるだけでなく、当局が理想とする思想を持ち、それを実践することまで求められていたのである。政府は国民の考え方を、「日本精神」という一つの方向にまとめ上げるために治安維持法を利用するようになっていく。

一九三四年から三五年にかけて、池田克は治安維持法の適用範囲をさらに広げるための改正法案を作成し、議会に提出した。法案は成立することなく廃案となるが、池田は「治安維持法の覚書」(『警察研究』第五巻第八号所収、一九三四年八月)の中で、この改正の目的について「思想対策、殊に所謂国家総動員の準備工作」と説明し、治安維持法を国家総動員体制に向けた思想対策のために使っていく考えを明らかにしている。

一九三〇年代、満州事変から日中戦争へと向かっていった日本。刑法学者の内田博文氏は、政府がこの時期、治安維持法を戦略的に用いて多くの国民を国策に組み込みながら、戦争への道を進んでいったと語る。

「戦争をするための体制作りが始まった時期ということもあり、国家に積極的に従う国民を作ることに治安維持法の大きな役割が出てきたのではないでしょうか。非常に大きな質的な転換が起きたのだと思いますね」

変貌を遂げた転向政策の下で、立澤さんら長野の教師たちも国策への協力を求められた。結果的に、長野県からは全国で最も多い六千二百十六人の少年が満州に送り出されることになったのである。

転向を拒む人々をどうするか

練り上げられた転向政策を行いながらも、取締当局はなお不安の種を抱えていた。釈放や減刑といった〝誘惑〟を受けても転向を拒み続け、刑期をまっとうしようとしていた人たちの存在である。

一九三〇年代に入ると、治安維持法が初めて本格的に発動された三・一五事件など、初期の受刑者たちの中で刑期を満了する人が出始め、当局はその取り扱いについて懸念していた。彼らが転向しないままに出獄すれば、再び運動を始めるなど〝再犯〟に及ぶ可能性が高いと考えていたからだ。

一九三四年、司法当局は先に述べた治安維持法の改正法案の中で、新たな制度を導入しようと試みた。「予防拘禁」と呼ばれる制度である。これは、刑期を終えて本来であれば釈放すべき人物でも、釈放後に再び罪を犯す恐れがあると判断される場合は、拘禁し続けることができるというものだった。拘禁は刑務所内に仕切りを設けて続けられたため、実質は刑期の延長と同じことだった。予防拘禁の請求は検事が行い、決定は裁判所が行うとされた。

罪を犯したわけではないのに、その可能性があるために収監するというこの制度は、さすがに議会で反対を受け、貴族院で予防拘禁の諸規定を全部削除する修正動議が可決された。しかしこの制度は後に一九四一年に行われる治安維持法の再改正で復活し、導入される。これにより、裁判所に転向が認められなかった多くの受刑者が、刑期を終えたあとも拘禁され続けた。

ところで、裁判所が転向を判断する基準となっていた「日本精神」とは、具体的にはどのようなものとされていたのか。一九三六年に行われた思想検事たちの会議における発言からは、実は司法当局も厳密な定義をしていなかったことが読み取れる。

思想の指導は結局は日本精神への復帰、そこ以外にはないと考えます。無論此の日本精神と云う言葉自体が分ったようで分らぬような言葉でありまして、是は詳細に研究致しますれば相当又申上げなければならぬ点があろうと思いますけれども兎《と》も角《かく》日本精神に復帰せしむると云う此の点が私は要点だと考えます。

（司法省保護課長・森山武市郎《もりやまたけいちろう》の発言「昭和十一年十一月　思想実務家会同議事録速記録」、司法省刑事局『思想研究資料特輯』第三十四号所収）

前述のとおり、大竹一燈子さんの父である三田村四郎は、一九三三年に獄中で転向を表明した。ところが、三田村の転向は裁判所から不十分とされた。自ら転向を表明したものの、「分ったようで分らぬような言葉」である「日本精神」を体得していないと判断されたのである。結局、三田村は刑期満了後も釈放されず、太平洋戦争が終わり、治安維持法が廃止されるまで拘禁され続けた。

転向が戦後に落とした影

本章の最後に、転向が戦後も人々の心に長く影響を及ぼしたことについて触れておきたい。

「満蒙開拓青少年義勇軍」をはじめとする国策への協力は、教壇に復帰した立澤千尋さんの人生に深い影を落とすことになった。終戦後まもなく、引揚者が少しずつ村に戻ってくる中で、立澤さんは思いがけない知らせを受け取った。自らの説得で満州に赴いた子どもたちが命を落としたという知らせだった。

三浦さんは、この事実が父親にとって、生涯忘れられないものになったと考えている。終戦から三十三年後の一九七八年、七十七歳となった立澤さんは、青年時代に悲報を受け取ったときの心境を歌に詠んでいた。

満州に　憧れて果てし　少年に　わが教えたる　三人まじれり

立澤さんがこの歌を詠んだのは、自身が亡くなる四年前のことだった。歌集を手に取った三浦さんは、晩年の父親が書いた歌を前にして、刻まれた文字の裏に横たわる深い心の傷に思いを馳せた。

「そのことがずっと長い間、心に残っていた。後悔していたと思います。自分が勧めなければ、そういうことはなかったわけで。……大きなことをしたと思います、検挙した方は。一人の人間の人生を。……悲しいな。悲しく思っちゃうね」

第四章　言葉を守ろうとした兄

——植民地での運用実態

植民地でも適用された治安維持法

今回、私たちが入手した公文書の中には、植民地を中心とする外地のものも含まれていた。治安維持法は一九二五年の成立直後から、樺太（現・サハリン）、朝鮮、台湾でも天皇による勅令により施行されていたからだ。同じように、日露戦争後にロシアから移譲された中国からの租借地である関東州（現在の中国・遼東《りょうとう》半島の先端部など）や、第一次世界大戦後の一九二二年に国際連盟から統治を委任された南洋諸島にも、日本の法律を基にする形で、実質的に治安維持法が適用されていた。

さらには中国国内においても、当時日本が日露戦争をきっかけに獲得していた領事裁判権（治外法権）を根拠に、朝鮮半島の人々を含む「日本国民」に限っては日本の法律である治安維持法が適用できるとされていた。これらの地域について、入手できた限りの資料を参照して、検挙者数を集計したのが次頁のグラフである。

朝鮮については、法律の運用に当たった朝鮮総督府高等法院の検事局思想部がまとめた『思想彙報《いほう》』復刻版（高麗書林）を基に、一九四三年八月までの数字を集計した。なお、『思想彙報』に掲載されているのは正確には検挙された人数ではなく、検事局が〝受理〟した人数であるため、実際の検挙者数はもっと多いと推測される。関東州、台湾などについては、内務省警保局の文書『治安維持法違反検挙調』（外務省外交史料館所蔵）に記録さ

図　日本国内、外地の検挙者数

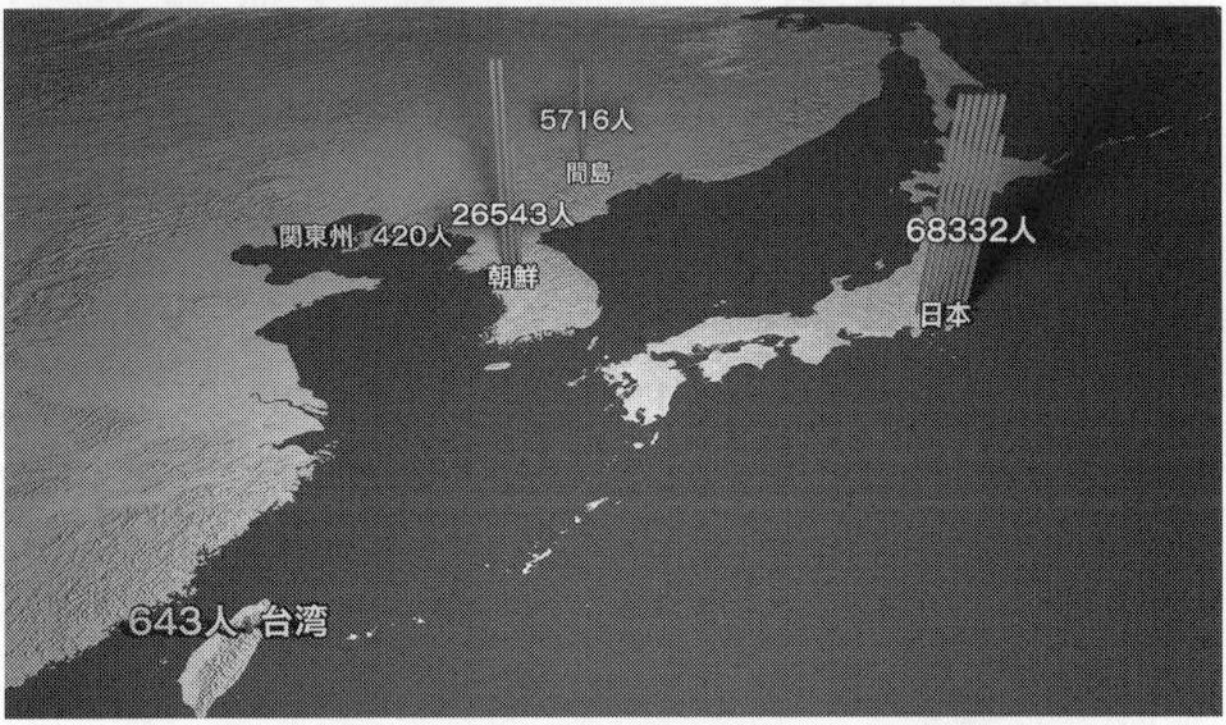

れていた、一九三三年までの数字を使用した。間《かん》島《とう》および中国国内については『外務省警察史』復刻版（外務省編、不二出版）を基にしている。

間島とは後の満州国建国後に間島省（現・吉林《きつりん》省延辺《えんぺん》朝鮮族自治州）の一部となる中国東北部の地域である。一九〇九年に日本と清の間で結ばれた「満州及び間島に関する日清協約」によって、この地域に以前から多く住んでいた朝鮮人の居住権、および彼らに対する日本の領事裁判権が認められていた。領事裁判権は満州国建国後の一九三七年に撤廃されるため、検挙者数も同年までの数字となっている。樺太については今回、まとまった資料を入手することはできなかった。

集計の結果、植民地においても数多くの人たちが治安維持法違反に問われていたことがわかってきた。これまで見てきた日本国内における検挙者数は、把握できただけで六万八千三百三十二人だったのに対し、今回明らかになった植民地における検挙者数は、少なくとものべ三万三千三百二十二人と、日本における検挙者数の半数近くに及んだ。中でも八割近くを占めていたのが朝鮮であり、その数は二万六千五百四十三人に上っていた。

一九一〇年の韓国併合以来、日本の統治下にあった朝鮮で、なぜこれほど多くの人が治安維持法による取締りを受けていたのか。

公開が進む韓国の資料

近年、韓国では、日本統治時代に日本の当局が作った資料をインターネットで開示する動きが進んでいる。私たちは今回、治安維持法による検挙者を探すため、二つの資料を手がかりとした。

一つ目は、韓国の国史編纂委員会が二〇一五年に公開したばかりの「日帝監視対象人物カード」である。これは、当時朝鮮において治安維持法違反の受刑者が数多く収監されていたソウルの西大門《ソデムン》刑務所を中心に全国で作られたもので、その目的は不明だが、受刑者たちの情報をまとめ、管理していたと思われる。

大小二種類あるカードに付された通し番号を合計すると、カードは少なくとも七万五千五百四十一枚以上作られたと推定されるが、発見されたカードの枚数は六千二百六十四枚だった。そのうち朝鮮人は四千八百五十八枚で、さらに罪名が治安維持法違反とされているものが二千八百八枚あるという。

韓国の現地コーディネーター、チョン・ミョンギュ氏によれば、この監視カードは取材の情報源としてかなり重要なものだという。その理由は、本籍や住所、罪名や刑期などの情報が記載されていることに加えて、ほぼすべてのカードに車の免許証のように顔写真が貼り付けられているからである。韓国では、朝鮮戦争の際にそれ以前の写真を焼失してしまっている家庭が多く、当時の写真はなかなか見つからないのだそうだ。

もう一つの資料は、韓国の国家報勲処《ほうくんしょ》（一九八五年に創設された、独立運動参加者に対する勲章・報償を決める行政機関）が二〇一六年に公開を開始した、日本の植民地時代における刑事裁判の判決文である。二〇一七年三月時点で、現在の北朝鮮にあたる地域を除く裁判所の判決文、六千六百九件が公開されている。

判決文には治安維持法違反以外の罪名のものも含まれているが、インターネット上で人名による検索をすることができ、個別の事件の内容をくわしく知ることができる。監視カードと判決文の両方に記録のある人物に絞り込めば、効果的な取材が可能になると期待された。

しかし、取材は難航した。韓国においても検挙された人の多くは鬼籍に入《い》っており、存命でも話ができる状態ではなかったり、当時の話は一切したくないと断られたりということが続いた。そうした中、チョン氏の粘り強い調査によって、ある検挙者の遺族が見つかった。

一九三九年、十八歳のときに懲役二年半の有罪判決を受けた、シン・ギチョルさん。本人は十六年前に八十一歳で亡くなっていたが、検挙された当時一緒に暮らしていた妹が見つかり、事件について話を聞かせてくれることになった。

ある日、一人の学生が検挙された

ソウル南東部にあるベッドタウン・ブンダンに、緑に囲まれたブンダン・シルバータウンがある。日本の団地を思わせる建物の一室に、治安維持法で検挙されたギチョルさんの妹は暮らしていた。

車いすで取材班を出迎えたのは、八十八歳のシン・ゼチョルさん。鮮やかなピンク色の服をまとった、明るく快活な印象の女性である。さらにこの日の取材には、検挙されたギチョルさんの妻、イ・ヨンウォルさん（八十七）と、息子のシン・サンジンさん（五十七）も同席してくれた。

私たちは、妹のゼチョルさんにギチョルさんの顔写真入りの監視カードを見せた。兄のカードを見るのは初めてだというゼチョルさんは、坊主頭の兄の写真に、『本物はもっと格好良かったのに』と苦笑しながら語り始めた。

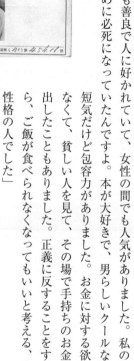

「兄はとても善良で人に好かれていて、女性の間でも人気がありました。私の友達は兄と結婚するために必死になっていたんですよ。本が大好きで、男らしいクールな性格。少し短気だけど包容力がありました。お金に対する欲がまったくなくて、貧しい人を見て、その場で手持ちのお金を全部差し出したこともありました。正義に反することをするくらいなら、ご飯が食べられなくなってもいいと考える、まっすぐな性格の人でした」

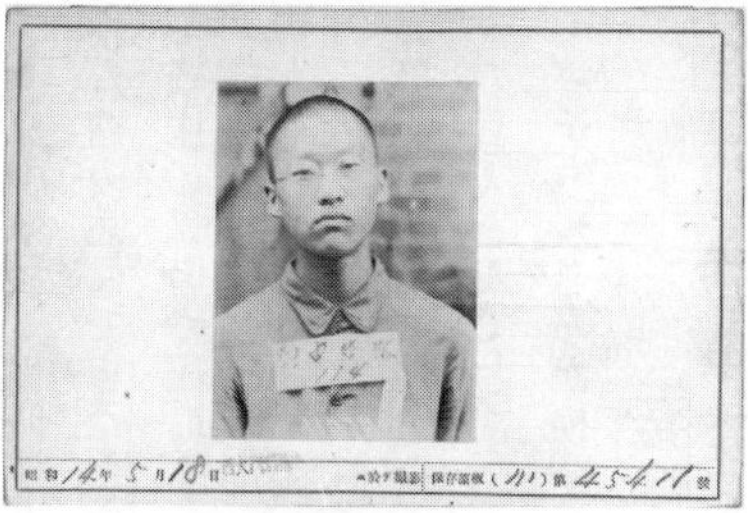
シン・ギチョルさんの監視カード

ギチョルさんは一九二一年、司法書士をしていた父親と農家出身の母親の間に、九人兄弟の五番目の子として生まれた。上の兄たちはみな本が大好きで、ギチョルさん自身も熱心に読書をして育った。

一家は、共産党との関わりはまったくなかった。検挙された一九三八年当時、ギチョルさんは十七歳。地元のチュンチョン中学校（当時は五年制）に通う学生だった。七歳だったゼチョルさんは、夜中に警察が踏み込んできたときのことを記憶していた。

「夜中の二時か三時ごろに、大きな物音がして目を覚ますと、警察が我が家を取り囲んでいました。土足で部屋に入ってきて、兄の部屋の引き出しを開けて本をすべて持っていきました。日本人だけでなく朝鮮人の巡査も来て、兄を容赦なく連れていったんです。ひどい扱いでした。残念なことに、そのときの巡査の一人は私と同じ女学校に通っていた同級生のお父さんでした」

ギチョルさんが検挙された理由は、当時彼が中学校で行っていたある活動にあった。

反日運動を行う中学生たち

ソウルから東へ車で二時間ほど走ったところにあるチュンチョン市は、町の周囲を川や湖、小高い山々に囲まれた風光明媚な都市だ。日本では韓国ドラマ「冬のソナタ」のロケ地として知られ、二〇〇〇年代前半には多くの日本人観光客が訪れた。

ギチョルさんが通っていたチュンチョン中学校は、衣岩湖《ウィアムホ》という湖にほど近い場所にあり、現在は三年制の高校として残っている。取材のため学校を訪ねると、教頭のキム・ハクベ先生が、私たちを校庭にある小さな塔の前に案内してくれた。石造りの記念碑には

「常緑塔《サンロクタプ》」という文字が刻まれていて、裏側にはギチョルさんの名前が記されていた。キム先生によれば、一九二〇年代から三〇年代に、チュンチョン中学校の生徒たちが日本の植民地教育に反対して、「常緑会《サンロクフェ》」という読書会のグループを作った記念として建てられたという。

「当時、日本人の教師は朝鮮人に対する差別をしたり、ハングルの使用を禁じたり、朝鮮の歴史の勉強を禁止したりしました。そのため生徒たちは、母国の言葉や歴史の教育をしてほしいとストライキを起こしたのです。生徒たちは常緑会を結成して学生運動を展開しましたが、警察の知るところとなり、多くの生徒たちが検挙され、刑務所に入れられることになったのです」

日本の統治下にあった朝鮮の学校では日本式の教育が徹底され、ハングルの使用が固く禁じられていた。チュンチョン中学校に保管されていた当時の卒業アルバムを開くと、戦闘機や銃剣の写真とともに日の丸を掲げて行進する生徒たちの姿が映し出されている。

教室での授業風景を撮った写真では、生徒たちはみな坊主頭で日本語を学んでいた。校舎の写真とともに記された校歌も日本語で、「松は千歳の……」「栄ある御代に……」など日本的な価値観を表す歌詞が並んでいた。朝鮮で生まれ育った若者たちは、この校歌をどのような心境で歌っていたのか。ギチョルさんの息子サンジンさんは、当時学生だった父

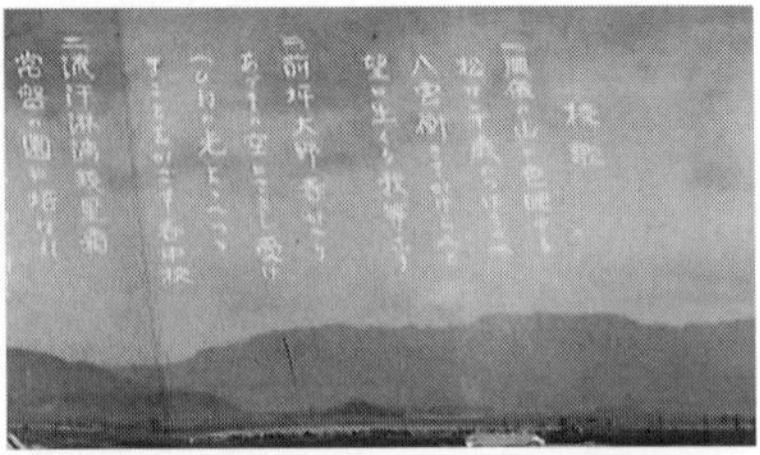
卒業アルバムの校歌。日本語の歌詞が目を引く

常緑会メンバーが撮影した写真

親たちが常緑会を立ち上げた理由について聞かされていた。

「この状況が続けば、私たちはいずれ言葉も、文字も、文化も失うことになる。このままではいけないと考えた有志たちが、常緑会を組織したと聞いています」

　ギチョルさんは、最初は会の書籍係を任され、後に会長も務めるなど中心メンバーとして活動していた。サンジンさんは、具体的な活動内容についても父親から話を聞いていた。

「常緑会では当時、生徒たちが集まってハングルの本を読んだり、祖国の独立について話し合ったりしたそうです。といっても、他には、休日に近くの山に登って朝鮮の歌を歌ったり、読書会を全国的な組織に発展させるため、周辺の都市に仲間を広げる活動をしたりした程度です」

朝鮮の特高による常緑会への取締りは、十代の学生を中心に百三十七人が検挙される大きな事件へと発展した。

朝鮮総督府裁判所の一つである京城（現・ソウル）地方法院の裁判所が、一九三九年に下した判決文が、前述した国家報勲処のデータベースで公開されている。そこには、常緑会のメンバーが治安維持法違反とされた理由が記録されているが、「共産党」「共産主義」「社会主義」などの言葉は一切出てこない。

判決文ではまず、常緑会を治安維持法に触れる結社とする理由が記された。それによると、常緑会は「同校［チュンチョン中学校の］岡田教諭が朝鮮人を侮辱する暴言を為したることより、甚《いた》く之に憤激し」た学生たちが、「民族的反抗心を抱」き、「朝鮮の独立を実現せしむる目的の下に結社を組織」したものだとされている。

さらにその根拠となる行為として、たとえば彼らが仲間の家に集まって、「最近の村の疲弊甚しく、時局の為め、高率税金を賦得せられ、又は貯金を強制せられて、農民の不平其の極に達し居り、之等農民を救済するは吾等青年の責務なる旨の演説を為し、民族主義思想を鼓吹し」たことなどが挙げられた。

ギチョルさんも、常緑会への入会に加え、修学旅行の感想を話す談話会で朝鮮の仏教遺跡の仏像を賞賛し、「朝鮮を往時の隆盛に復するは吾人《ごじん》［我ら］の責務なる」と演説をしたことなどが罪に問われた。

これらの罪は端的に言えば、「朝鮮を日本から独立させようとする常緑会に入って活動した」ということだった。つまり治安維持法違反とされたのは、共産主義運動を行ったからではなく、独立運動を行ったためだったのである。

独立運動が治安維持法違反

日本の植民地政策を研究する、京都大学名誉教授の水野直樹《みずのなおき》氏は、朝鮮での治安維持法の適用における独立運動との関係を重要視してきた。

「当時の朝鮮では、独立を求める動きが非常に広がっていました。多くの民衆もその独立運動を支持し、応援していたのです。そして、当局は独立運動に対して強い警戒心を抱いた。結果として、非常に厳しく治安維持法を適用することになったのではないでしょうか」

一九一〇年の韓国併合以来、朝鮮では日本の植民地支配に対する反抗が続いていた。当時の朝鮮における運動は、武装闘争や秘密結社などの組織活動として行われることが多く、それに対し朝鮮総督府では、一九〇七年に制定された保安法という法律によって、治安の維持を図っていた。この法律は序章で取り上げた日本の治安警察法に似た性格を持つものだったが、次のような特徴的な条文があった。

第七条

政治に関し、不穏の言論動作、又は他人を煽動教唆、或は使用し、又は他人の行為に干渉し、因《よ》って治安を妨害する者は五十以上の笞刑《ちけい》［むち打ち刑］、十箇月以下の禁獄、又は二箇年以下の懲役に処す

「政治に関し」とは、日本の植民政策も含むものであり、この保安法によって当局は、日本の植民地支配を批判する「不穏の言論動作」である独立運動を取り締まっていた。しかし、一九一九年三月一日に起きた三・一独立運動によって、朝鮮の治安状況は一変する。

三・一独立運動では、一部で武装闘争が発生したものの、基本的にはその多くが、人々の集まる市《いち》が立つ日を利用して自然発生的に「独立万歳」を叫んだり、山の上で狼煙《のろし》を上げて示威行動をしたりといった非暴力の形で行われた。これに対し日本側は運動を軍の武力によって鎮圧し、関わった多くの人たちを検挙した。

しかし、検挙された人たちの行動には、保安法違反となる「集会・結社」や「多衆の運動」に該当すると言い切れないものも多く、朝鮮総督府の治安当局も検挙したはよいもの

の、法令の適用に苦慮するケースが頻出した。当時、朝鮮総督府・司法部法務課長を務めていた山口貞昌は、「万歳騒《さわぎ》を鎮圧して、之を適当に処罰するに付ては、当時現行の法令丈《だけ》では不備不足であることは明らかなり」という見解を示している（水野直樹「治安維持法の制定と植民地朝鮮」より重引）。

そのため、新たに制定されたのが朝鮮総督の発する法令（「制令」と呼ばれた）「政治に関する犯罪処罰の件」だった。最高刑を懲役十年とし、朝鮮外での活動にも適用すると定めるなど、後の治安維持法に類似する条文が含まれていた（「治安維持法の制定と植民地朝鮮」）。

この三・一独立運動以降、朝鮮の治安当局は独立運動が共産主義思想・運動と結びついて、秘密裏に組織的な活動を広げることへの危機感を強めていった。一九二〇年代前半には、朝鮮の中でも労働組合や小作争議が活発になり、社会主義思想の影響の広がりも懸念されていた。さらに朝鮮がロシアと国境を接していること、シベリアに住む二十万人に及ぶ朝鮮人が活発に共産主義運動を展開し始めていたこと、その影響が朝鮮本国に及ぶ恐れがあったことも状況の進展に拍車をかけた。

植民地の独立は「国体の変革」である

一九二五年二月二十四日、第五十回帝国議会・衆議院治安維持法案特別委員会に出席した朝鮮総督府・下岡忠治《しもおかちゅうじ》政務総監は、「治安維持法のような法律は、朝鮮に於ても是非必要なものである」と述べ、朝鮮での治安維持法施行を求めた。その後三月十七日に行われた議会の中で、当時の小川平吉司法大臣は、朝鮮や台湾の独立を目的とする結社に治安維持法を適用するかどうかを質問され、次のような見解を示している。

例えば帝国の一部分、朝鮮なら朝鮮、或は又、朝鮮の半分でも宜しゅうございましょう、それを陛下の統治権から離して仕舞うと云うことは其領土の部分が狭くありましても、統治権其ものに触れる訳であります。統治権其ものを奪う訳でありますから、是は無論本法に触れるのであります。

（第五十回帝国議会　貴族院　治安維持法案特別委員会、一九二五年三月十七日）

小川はここで、植民地の独立は天皇の統治権を奪うことになり、治安維持法違反に当たる可能性があると示唆した。さらに治安維持法が施行されて一か月後の六月十三日、朝鮮の高等法院検事長は、各検事局検事正宛てに通牒を発し、治安維持法を独立運動の取締りに適用すべきという方針を初めて公式に示した。

朝鮮を独立せしむることを目的とし、結社を組織し、又は情を知りて之に加入し、或は其の目的事項の実行に関し、協議を為し、又は其の実行を煽動したる者等に対しては治安維持法を適用すべきものと解決候条、此の趣旨に依り取扱い相成度《たし》、此の段通牒に及び候也。

(「治安維持法の適用に関する件」「治安維持法の制定と植民地朝鮮」より重引)

ここでは、植民地における独立運動が、なぜ国体変革に当たるのかという論理的な説明は示されなかった。水野直樹氏によれば、その論理が判決として明確に示されたのは一九三〇年から三一年ごろ日本の大審院に該当する高等法院の判決中であり、内容は次のようなものだった。

朝鮮の独立を達成せむとするは我帝国領土の一部を僭竊《せんせつ》して、其の統治権の内容を実質的に縮小し、之を侵害せむとするに外ならざるをもって治安維持法に所謂国体の変革を企図するものと解するを妥当とす。

（朝鮮学生前衛同盟事件判決、一九三一年六月二十五日）

独立運動に治安維持法を適用するための「国体の変革」の解釈について、水野氏は次のように分析している。

「国体は天皇制のことを指すわけですが、もともと外国である朝鮮半島を日本の天皇の統治権から切り離すことは国体変革に当たるというわけです。しかし考えてみると、そもそも治安維持法の条文には、植民地の独立を目的とする結社を取り締まるとは書かれていません。にもかかわらず、実際には治安維持法の対象にした。そこには非常に大きな矛盾がありますし、私はこじつけだと思います」

水野氏が、独立運動と国体変革を結びつける解釈を「こじつけ」という強い言葉で表現する理由の一つに、他ならぬ司法当局の内部でも解釈への疑問を持つ者が存在したことがある。それは、朝鮮と日本の当局の間での見解の違いとして現れた。

日本の司法当局が、治安維持法の独立運動への適用について議論した最初の会議は、一九三七年六月二十四日から二十六日にかけて司法省で行われた、第十回思想実務家会同だと言われる。

この席上で、大阪地検の思想係の勝山内匠《かつやまたくみ》検事は、「朝鮮、台湾に於きまする独立運動

［中略］と云うような運動が国体の変革に該当するや否やに付きましては、幾分《いくぶん》の疑義があるのではないかと考えるのであります。従ってこの点に付て明文を掲げてはっきり是らの所為を国体変革に該当するものであるや否やと云うことを明らかにして戴くの必要があるのではないか」と述べた（司法省刑事局「昭和十二年六月 思想実務家会同議事速記録」『思想研究資料特輯』第三十七号所収）。

この会議が開かれた一九三七年時点では、朝鮮においては「独立運動が国体変革に当たる」という論理が定着し、治安維持法の適用が頻繁に行われていた。にもかかわらず、日本国内の検事は独立運動が国体の変革に該当するかどうかについて、いまだに「幾分の疑義」を持つ者がいると言っているのだ。

これに対し、大審院検事に昇格していた池田克は「兎に角此の問題は積極的に解釈して行こう。若し適当なケースでもございますれば、テストケースとして治安維持法第一条の違反として之を処分して行こう」と返答し、日本国内でも独立運動に当てはまりそうなケースを探して治安維持法を適用していきたいという方針を示した（同右）。

水野直樹氏は、これらのやりとりについて次のように説明する。

「朝鮮では、警察も検察も裁判所も治安維持法を独立運動に適用する立場を取っていたのですが、日本の取締当局はそうではありませんでした。つまり日本の検事や判事の一部は、『植民地の独立を図る』という治安維持法に書かれていない事柄に、国体変革の条項を適用することは無理だ、と考えていたのです。日中戦争が起こったあとは、日本でも独立運動に治安維持法を適用しようという気運になっていきますが、それ以前は、日本の取締当局はある程度、厳密な解釈を取っていたと言えます。それに比べれば、朝鮮国内や植民地では、最初から拡大解釈が当然のものだと捉えられていたということです」

法律はまず朝鮮半島で威力を発揮した

日本国内と、朝鮮などの植民地における治安維持法の運用の違いは、データとしても現れている。植民地の治安維持法の検挙者（検事局受理者）数の推移を、日本国内と比較しながら見ていこう。次頁のグラフを見てほしい。まず注目されるのは、法律が制定された直後の三年間における運用である。治安維持法が制定された一九二五年には、日本の検挙者数ゼロに対し、朝鮮では八十八人、関東州で一人、間島で百人が記録されている。

朝鮮で治安維持法が最初に適用されたのは、一九二五年十一月二十二日を皮切りに朝鮮共産党のメンバー六十六人が検挙された朝鮮共産党事件であり、この適用は日本国内における最初の事例である京都学連事件（一九二五年十二月）よりも早かった。

また中国領内の間島地方における適用はこれよりもさらに早く、一九二五年八月二十七

図　内地・外地の治安維持法検挙者数の推移（1925～27年）

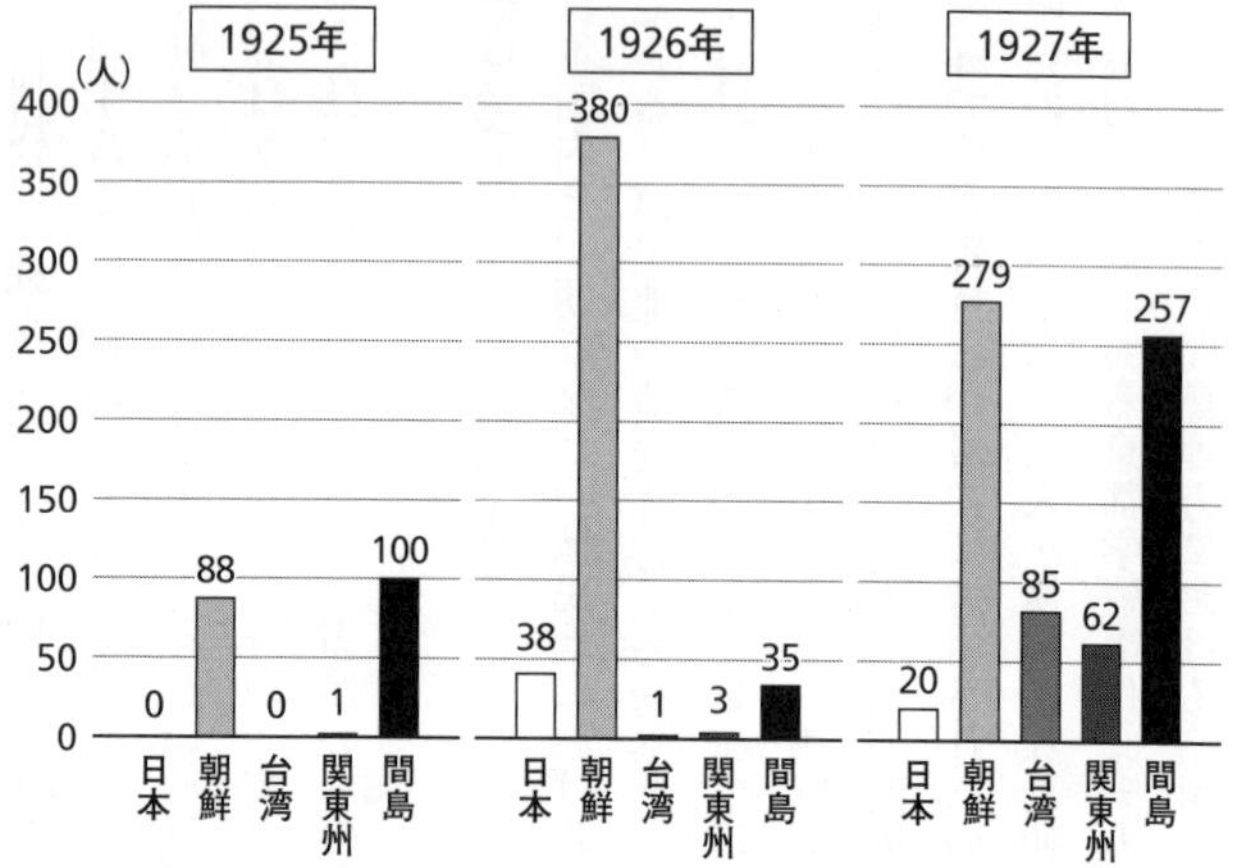

日、琿春《こんしゅん》・龍井《りゅうせい》村で「朝鮮独立及共産主義に関する宣伝文」というビラを頒布した「電拳団《でんけんだん》」の朝鮮人六人を検挙した電拳団事件が最初と言われる（『外務省警察史』復刻版第二十七巻）。この間島での治安維持法による検挙はその後もたびたび行われるが、実はほとんどが朝鮮の人々に対して行われたものだった。

間島地方は朝鮮と隣接する中国東北部の地域で、歴史的に朝鮮人が多く住んでいた。朝鮮国内で独立運動を行い、弾圧を受けた人たちの避難先となっていたことや、ソ連に近く共産主義の影響を受けやすいことから、当局は間島を国外における朝鮮人の共産主義運動や独立運動の拠点とみなし、警戒していた。

治安維持法には、その第七条に「本法は何人を問わず本法施行区域外に於て、罪を犯したる者に亦之《また》を適用す」という条文があった。これは、治安維持法の効力を日本国内や植民地に留めず、外国に住む人たちにも適用するという規定である。この規定により、韓国併合以後、「帝国臣民」とされた朝鮮の人たちは、朝鮮域内だけでなく、たとえ間島地方や中国国内に住んでいても、治安維持法の適用を受けることになっていた。

グラフに目を戻すと、一九二六年においても、日本国内の検挙者数が三十八人であるのに対し、朝鮮は三百八十人、間島は三十五人となっており、翌二七年は日本国内の二十人に対し、朝鮮で二百七十九人、台湾で八十五人、関東州で六十二人、間島で二百五十七人となっている。最初の三年間に限ってみれば、「日本国内」においては検挙者数が五十八人であるのに対して、朝鮮、台湾、関東州、間島の検挙者数の合計は実に千二百九十一人を数えていた。

荻野富士夫氏は、施行後の三年間における朝鮮の人々への治安維持法の適用について、次のように述べている。

　このような適用件数の多さ、適用範囲の広さ・判決の厳しさは、明らかに日本国内の比ではない。まず治安維持法は、朝鮮においてその威力を全面的に発揮したといえる。国内においては社会的批判の強さに配慮して「慎重」な適用を表明せざるをえなかったが、何のはばかるところなく朝鮮では積極的に活用されたのである。

（「解説　治安維持法成立・『改正』史」『治安維持法関係資料集』第四巻所収）

水責めに遭った兄

続いて、施行から四年目以降の朝鮮における治安維持法検挙者数の推移を日本国内と比較して見ていきたい。一九二八年から一九三〇年代前半まで、検挙者数が増加していく傾向は日本国内と似たものがある。ここには国内同様、目的遂行罪の導入による適用範囲の拡大が影響しているほか、日本国内では適用の少なかった「私有財産制度の否認」の罪が一定数適用されていたことも一因と考えられる。

しかし朝鮮では、一九三三年に検挙者数が一度半減したあとも、一定程度検挙者数が維持され続けていることが見て取れる。さらに一九四〇年代に入ると、日本の検挙者数を上回る年もある（一九四四年と四五年については朝鮮の検挙者数のデータを入手することができなかった）。

その要因の一つとして考えられるのが、日本における共産主義運動と、朝鮮における独立運動の性質の違いである。一九三八年に朝鮮に出張した東京刑事地裁判事の吉田《よしだ》肇《はじめ》は

図　日本と朝鮮における治安維持法検挙者数の推移

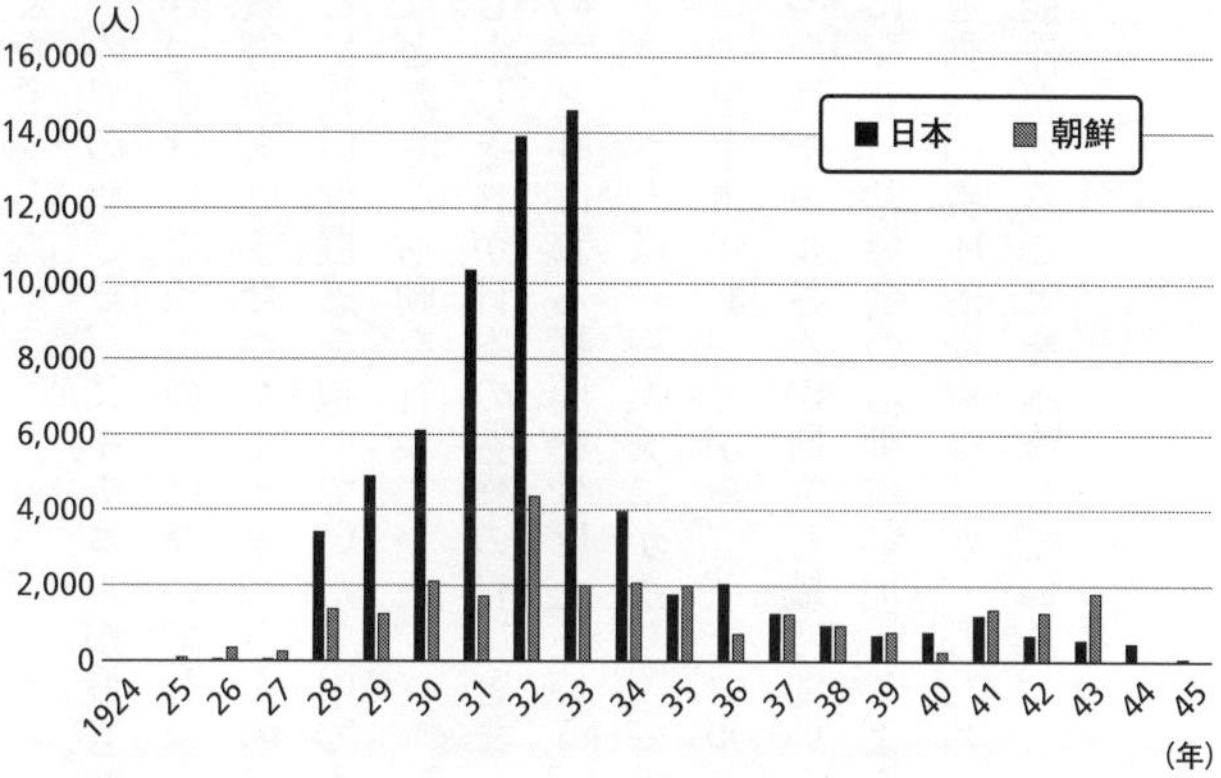

報告書の中で、朝鮮において「逆転向＝再犯」が多いことを指摘している（「朝鮮に於ける思想犯の科刑竝《へい》累犯状況」、一九三九年、『思想研究資料特輯』第六十一号所収）。これは、朝鮮の人たちが、たとえ検挙されても独立運動を続けていたことを意味する。

常緑会への加入により検挙されたギチョルさんに関する遺族の証言からは、人々が弾圧を受けながらも運動へと向かった心情の一端が窺える。妹のゼチョルさんと息子のサンジンさんによると、ギチョルさんが独立運動に関わるようになったのは、十五歳のときのある強烈な体験があったからだという。

「三番目の兄のユチョルが亡くなったことがきっかけになったと思います。ユチョルは警察署での取り調べの際の拷問が原因で、若くして亡くなりました」

「この兄の死こそ、父ギチョルが最も強く悔やんでいたことだと思います。それが決定的なきっかけになったのではないでしょうか」

読書が大好きだったギチョルさんの兄弟たちは、学校で自分たちの国の言葉が学べないことに強い危機感を抱いていた。中でも三男のユチョルさんは独自にハングルの研究を行うなど熱心な活動を行っていた。

しかしそれが日本の警察の目にとまり、ユチョルさんは検挙され、警察の留置所で「水責め」と呼ばれる拷問を受けたという。留置所で満足な治療を受けることができなかったユチョルさんは、髄膜炎にかかり、一九三七年十二月に亡くなった。

この出来事があってから、ギチョルさんと一つ上の兄で四男のヨンチョルさんは、亡くなったユチョルさんが研究し続けていた朝鮮の言葉を守ることに強烈なこだわりを持つようになり、常緑会の活動に参加するようになった。遺族によるこの証言は、法律による独立運動への威圧的な取締りが、むしろ運動に積極的に参加する人を新たに生み出していた可能性があることを示唆している。

効果が出なかった転向政策

日本において検挙者数激減の一因となった転向政策は、朝鮮でも日本と同じ一九三三年ごろから始まったと言われている。三〇年代後半に入り、転向者に求められるものが、「思想の放棄」から「日本精神の体得」へと変わっていくのも同じ傾向だ。

しかし朝鮮における転向政策は、日本国内ほど有効には機能しなかった。当局の統計によれば、一九三四年から三八年の間で治安維持法違反に問われた千三百九十八人のうち、転向・準転向者は四十一パーセントにとどまっている(『思想彙報』二十号)。日本国内の同様の統計では八十パーセントを超えていたことを考えると、朝鮮では転向者そのものが日本よりも少なかったと言える。

さらに当局の分析によれば、朝鮮の思想犯は「内地の思想犯人に比し一時の方便として容易に転向を表明する傾向が強く、思想状態の観察はあらゆる角度からこれを行い、偽装を看破する必要が強調せらるべきではなかろうか」と捉えられ、たとえ転向を表明していても、本心からではない者が一定程度いるとされた(同右)。

当局の担当者は、朝鮮の人たちを転向させる難しさを次のように吐露している。

朝鮮人思想犯人の転向は相当厄介な問題である。元来朝鮮人の思想問題は内地人の場

> 合と区別して考うべきである。一般に内地人の場合は正義感から出発して個人主義的自由主義に基く資本主義の欠陥に憤起して社会改善を目標として共産主義運動を起したものであり、マルキシズムに対する理論研究より運動に這入《はい》ったものが其の主流を為しているのに対して、朝鮮人の場合は其の目標は民族独立乃至《ないし》個人的経済生活の不平であって、［中略］常に民族問題が中心であり、其の目的貫徹の手段として共産主義運動が取入れられ、また一方個人的経済生活の不平を晴らす為に運動に参加するものが多いと考えられるのである。［中略］斯様な事情であるから朝鮮人に真の転向を期待することは多くの場合は相当難しいように思う。勿論彼らに日本精神を把握、体得させることは出来ない（傍点引用者）
>
> （徳岡一男「治安維持法違反事件の再犯に関する研究」、一九三八年、『思想研究資料特輯』第四十六号所収）

ギチョルさんの遺族の話にも、朝鮮の人々への転向政策が機能しなかった背景が読み取れるエピソードがある。

ギチョルさんの父親は、息子たちが治安維持法で捕らえられたことにより、司法書士の職を失った。失業後は妻の両親が持っていた田畑を耕して生活費を稼いだが、心労もあったのか肺の病気を患ってしまう。そのとき、一家が住んでいた村では、自分たちの国を独立させようと活動していた青年の家庭をなんとか支えようと、近隣の医師が無料で父親の診察をし、近所の人たちは夜中に当局の目を盗んでジャガイモや米を持ってきてくれたという。

日本では治安維持法に違反した人たちは、〝アカ〟のレッテルを貼られ、人目を忍ぶ生活を強いられ、罪悪感にさいなまれていた。それに対し朝鮮では、周囲の人たちが治安維持法によって検挙された独立運動を行う者やその家族を尊敬し、共感する意識があったと考えられる。周囲の支えを受けながら暮らしたギチョルさんの父親だったが、一九三九年、捕らえられた息子たちとの再会を果たせぬまま亡くなった。

学生が二年六か月の実刑判決

朝鮮においては、治安維持法による処罰も日本国内より厳しく行われた。荻野富士夫氏は、法律が運用された二十年間の検挙者数では日本国内が朝鮮に比べて四万人近く多いのに対し、起訴者数がほぼ同じだったことを指摘する。これは朝鮮における送検率、起訴率が日本国内よりもはるかに高かったことを示している。

国内においては送検率が約二十五パーセント、起訴率に至っては十パーセントに満たない状況だったのに対して、朝鮮では検挙者がほとんどそのまま送致され、起訴率は三十パーセントに達する。

常緑会の中心メンバーとして起訴されたギチョルさんは、検挙からおよそ半年がたった一九三九年の春、ソウルの西大門刑務所に移送された。妹のゼチョルさんは、見送りのとき、トラックの荷台に載せられていた兄の姿を覚えている。

「人が多くて姿を見るのさえも一苦労でした。小学三年生だった私は向こう見ずに人垣をかき分けて前に出ようとしたら、周囲の人から『小さな娘っ子が前に出るな』と怒られました。そこに来ていた人たちもみんな自分の家族を一目見るために待っていたんです。兄は竹で作られたヨンス〔編み笠〕をかぶらされ、手を縛られていました。寒い日でした。お坊さんが着るような灰色の服で、靴が異常に大きかったことを覚えています。私は怖くて体が震えて、ただ涙を流しているばかりでした。兄は死にに行くのかもしれないと思いました。遠くから兄の声で『ゼチョル』と呼ぶ声が聞こえましたが、顔は見えず、それが最後でした」

刑務所に収監されたギチョルさんは京城地方法院で裁判を受け、一九三九年十二月二十七日、懲役二年六か月の実刑判決を下された。水野直樹氏にギチョルさんの判決文を見てもらったところ、水野氏は量刑の重さを指摘した。

「懲役二年六か月は重いですね。学生であり、本を読んだり話したりしただけで、独立のための活動をしたわけではありません。『独立を目指す動きである』ことで、治安維持法違反になっているということでしょう。日本では同じような事件だったら、懲役一年半程度で、執行猶予が付くと思います。朝鮮では日本と比べて非常に処罰が厳しかったと考えられます」

それぞれの事件には個別の事情があるため単純に比較はできないが、日本国内では一九二八年から三八年までの間に、治安維持法違反で無期懲役を言い渡された者がわずか一人だったのに対し、朝鮮では三十九人に上っている。懲役十五年以上の刑についても、日本が七人であるのに対し朝鮮は四十八人となっている。

一九三八年に日本から朝鮮に出張していた前出の東京刑事地裁判事・吉田肇は、朝鮮で処罰が重くなる理由について次のように述べている。

君民一体日本精神の下に結束せられたる内地に在っては、左翼運動が如何に其の外形的には大袈裟であっても、社会に予《あた》える実害乃至危険性は比較的軽いのに反して、朝鮮に於ける思想運動の社会に予える影響実害は極めて大きく、其の危険性拡大性亦甚だ大なりと云わねばならぬ。此の朝鮮思想犯の特殊性が科刑の上に影響して一般予防他戒《いましめ》の為、厳罰を以って臨まるるに至る事は当然である。
（「朝鮮に於ける思想犯の科刑竝累犯状況」）

日本人は日本精神の下に結束しているので左翼運動による実害は少ないが、日本精神が根付いていない朝鮮では思想運動による実害が極めて大きいため、厳罰によって人々を戒め、予防する必要があるというのである。植民地支配への抵抗を押さえつけるために、治安維持法がより厳しく運用されていたのだ。

二十二人が死刑に

朝鮮における処罰の重さを最も象徴的に表しているのが死刑判決である。水野直樹氏の研究によれば、日本では一人も下されなかった死刑判決が、朝鮮においては少なくとも約五十人に下され、刑が執行されている。このうち最も大きな割合を占めるのが、先に述べた中国東北部の間島地方で検挙された朝鮮人たちだった。

一九三〇年、中国・間島地方で、五月三十日に反日暴動、八月二十九日には秋収《しゅうしゅう》暴動（中国共産党によって指導された武装蜂起）が起きた。いずれも間島在住の朝鮮農民によるもので、合わせて第五次間島共産党事件と呼ばれる事件だ。

日本側は軍警による武力弾圧を行い、約千人が検挙された。そのうち五百人が京城に送られて、検察による取り調べのあと、予審・公判にかけられた。被告人が二百六十一人に及ぶ大事件だった。

一九三三年十二月の第一審では、治安維持法違反その他として、多くの人に重刑が科された。死刑二十二人、無期懲役五人、懲役十五年五人、十三年一人、十二年九人、十年十三人、一年以上八年以下百九十人。二十二人に死刑が言い渡された点において特記すべき事件だろう。

水野直樹氏が注目するのは、死刑判決を受けた二十二人のほとんどが「騒擾《そうじょう》［集団で騒ぎを起こし、社会の秩序を乱すこと］」「殺人」「殺人教唆」「放火」「放火未遂」「強盗」「強盗致死」などの刑法違反が認定されているのに対し、被告人の一人、チュ・ヒョンカプだけは治安維持法単独での死刑判決が下されていたことである。

さらに、リ・ドンソン、コ・ハギョンの二人に関しては、治安維持法第一条第一項前段の「結社を組織して役員となりたる点」および殺人、殺人教唆、強盗未遂、騒擾、強盗、放火の罪を認定しながら、量刑に関しては「結局最も重き前記結社を組織して役員となりたる点の罪に従い所定刑中死刑を選択」したと記されている（京城覆審法院判決、一九三六年二月二十四日、韓国国家記録院所蔵）。

水野直樹氏は、この判決が「最高刑を死刑とした治安維持法が、朝鮮では実際にその最高限度に至る処罰を行っていた点で極めて重要」と指摘し、次のように続けた。

「死刑、あるいは非常に重い処罰がなぜ科されたか、これは独立運動を支持し、それを支える朝鮮の民衆に対する、ある種の見せしめだったと言うことができます。同じ法律でも、日本国内と植民地である朝鮮で運用のあり方が大きく異なっていたのです」

この三人以外の多くの被告人が、「殺人」「放火」などとの併合罪（ある人が犯した複数の犯罪で、まだ確定裁判を経ていないもの）に問われている理由は、間島地方や朝鮮における独立運動、共産主義運動が武装闘争の色合いを帯びることが多く、それを抑えるために日本当局が、厳しく処罰することとなったためである。

さらに間島地方における思想問題が厳しく扱われるのには地政学的な事情もあった。間島暴動を受けて、取締りに当たった検察は公判の論告で次のように述べている。

> 我国としては多数の国民の居住する同地方の治安を維持し、在留民をして其堵《と》に安んせしむる［安楽な暮らしを提供する］は勿論、同地方が従来朝鮮赤化の策源地《さくげんち》であった事実を一変し、国民の国外発展に於ける有力なる根拠地と為す必要があるのであります。故に同地方に於ける此種の犯罪は厳重に之を処罰し、将来再び如斯《かくのごとき》犯罪の発

生せざることを期せねばなりません。

（「第五次間島事件論告要旨」、高等法院検事局思想部編『思想月報』第三巻第十号所収、一九三四年一月、高麗書林復刻版）

事件が起きた一九三〇年代前半、日本の当局は、もともと朝鮮人の運動の拠点となっていた間島地方を日本人の「国外発展における有力なる根拠地」へと作り変えようとしていた。これは言うまでもなく、日本の満州進出に向けた動きと連動していた。治安維持法は、日本による支配の拡大に反発する人たちを押さえつけるための欠かせない武器としても用いられていたのである。

明らかにならない獄死の実相

第五次間島共産党事件の第一審で死刑が宣告された二十二人は、第二審では十八人に人数が減り、第三審で確定。一九三六年七月二十一日、二十二日の両日にわたって西大門刑務所で執行された。ところで、死刑判決を受けた人が最終的に十八人に減ったのには、裁判の間に獄死者が二人出たためという事情もあった。

水野直樹氏によれば、朝鮮における獄死や拷問死の実態は、日本以上にわかっていないという。

「警察の取り調べ段階で亡くなっている方もいますし、判決を受けたあと、刑務所に入れられてから獄死をした方もいます。そういう方々のことは、日本では戦後に調査されて少しずつ明らかになってきています。しかし、戦後の朝鮮は南北に分断され、韓国では独立運動についてはさておき、共産主義運動を行っていたこと自体を公にできない状態が続いたのです。そうした理由から、戦前の治安維持法による犠牲者、特に獄死をした方々についてほとんど調査は進んでいません。最近は韓国でも、遺族が事実を明らかにしたりして、実態調査の必要性が叫ばれるようになってきてはいますが……」

読書会の活動が罪に問われた常緑会のメンバーも三人が獄死した。亡くなった一人、ペク・フンギさんは、ギチョルさんの友人だった。ペクさんが亡くなったときの話を、ギチョルさんの妻、イ・ヨンウォルさんは次のように聞いたという。

「フンギさんが刑務所の中で亡くなって、裏門から運び出されたとき、二人の係がその死体を担架に乗せて運んでいたそうです。ふつうは人が亡くなると、非常に重たくなりますが、ペクさんは体が衰弱していて、まるで紙でも持ち上げるように、とても軽そうに運ばれていたといいます」

一九四二年一月八日、ギチョルさんは二年六か月の刑期を終えて出獄した。妹のゼチョルさんは、自宅へ戻ってきた兄が、服役中に亡くなった父親の位牌と対面したときの姿が忘れられないという。

「刑務所から出てくると、兄は亡くなった父の几筵《きえん》［位牌などを安置する場所］の前に突っ伏して慟哭《どうこく》しました。あまりにも長い時間泣き続けていて、私は『お兄ちゃん、もう泣かないで』と言うことしかできませんでした。刑務所でのことは何も話してくれませんでした。つらかったことは一切話さなかったんです。兄は耳が聞こえなくなっていました。ぼうっとして、何も話しませんでした。出所してから数年間は何もできずに療養していました。もちろん復学も望めません。あのとき、チュンチョン中学校には、赤い線が引かれた生徒［前科者の意］は受け入れないという規則があったようでしたから」

息子のサンジンさんは、一世代後に生きる韓国人の一人として、治安維持法に翻弄された家族の歴史を冷静に受け止めている。

「日本としては、三・一独立運動があり、その後も朝鮮で運動が続くことに不安を感じていたのでしょう。こじつけでもいいから、運動を鎮めたかったのかもしれません。私には治安維持法が適切に運用されていたのかどうかはわかりません。しかし、朝鮮の人々にとっては理不尽なことでした。合法か違法かにかかわらず、当時の青年、学生たちは運動をやらざるを得なかったのではないかと思います」

同じ法律でありながら、植民地においてより過酷な運用がなされた治安維持法。そこでは、「国体変革」についてまったく異なる解釈が早々に行われ、独立運動に適用された。水野直樹氏は、日本国内を見ているだけではわからない治安維持法の実態にも目を向けてほしいと語る。

「治安維持法は、戦前の日本の国家体制だけでなく、植民地支配のあり方を象徴する法律だったのではないかと考えています。治安維持法は帝国議会において成立した法律ではありましたが、その帝国議会の議員を選出する権利は朝鮮あるいは台湾に住む人たちにはありませんでした。もちろん、朝鮮や台湾から議員は出ていません。つまり植民地の人々の意思とはまったく関係なく法律が作られて施行される。そういう植民地支配のあり方を示す事例の一つとして、治安維持法が存在すると言えます」

第五章　絵を描いて有罪となった学生

――生活図画教育事件

十年間の取締りの成果

ここで一度、治安維持法が運用された二十年のうち、前半十年間における日本国内の検挙者数の推移をおさらいしておこう。

一九二五年に制定された治安維持法は成立後三年間、国内においては慎重な運用がなされた。二八年には三・一五事件での共産党関係者の全国一斉検挙によって、検挙者数が急増した。

事件をきっかけに行われた治安維持法改正では、死刑とともに目的遂行罪の規定が導入され、共産党の外郭団体への適用拡大が相次いだことで、一九三三年までの検挙者数の激増をもたらした。その一方、徹底的な取締りと転向政策が行われたことによって、三四年以降、検挙者数は激減した。

そして法律施行から十年がたった一九三五年、治安維持法は大きな転換点を迎える。獄外にあった最後の共産党幹部である中央委員の袴田里見《はかまださとみ》が検挙され、共産党が事実上壊滅したのである。

昭和天皇は翌年、特高警察三十六人、思想検事十二人に対し、叙勲と金銀杯下賜をもって共産主義取締りの功績をたたえた。この事実は「破格　共産党潰滅の功労者に恩遇」と全国紙で報道された（「東京朝日新聞」一九三六年十一月二十八日付）。

共産党が衰退したという認識は当局の中でも共有された。大審院検事となっていた池田克は「今や、共産党運動者に対する検挙時代、行刑教化時代〔刑罰で転向を促す時代〕を超えて、保護観察時代〔転向状態を維持する時代〕に推移している」として共産党への検挙の時代は終わったという認識を示した（「思想犯人教化の経験批判」『警察研究』第七巻第十一号所収、一九三六年十一月）。

成立当初、共産党の取締りを目的として作られた治安維持法は、これにより法律としての役割を終えてしかるべきだった。ところがデータを見ると、翌年以降も検挙が続けられていることがわかる。

共産党の活動がほとんどなくなったにもかかわらず、なぜ治安維持法による検挙が続けられたのか。荻野富士夫氏は、背景に戦争へと突き進んでいた日本の国内事情があったと語る。

「戦時体制が強化されていく中で、国家が認定する日本精神にそぐわないものに対しては、より厳しく対処することになったのです。新たな取締り対象を見つけ出す。治安維持法の適用拡大がより加速したのだと思います」

反ファシズムの動きを取り締まる

第三章で、池田克が主導する司法省刑事局では一九三四年から三五年にかけて、「思想対策、殊に所謂国家総動員の準備工作」の観点から、治安維持法のさらなる改正を目論んでいたことに触れた。この方針は、戦時体制の深まりとともにますます鮮明になっていた。

このころ、大陸では関東軍によって「満州国」の勢力範囲を広げようという華北分離工作（一九三五年以降、日本が中国の当時の華北五省〈河北省、察哈爾《チャハル》省、綏遠《すいえん》省、山西省、山東省〉を国民政府から引き離して日本の支配下に置こうとした政治的工作）が公然と進められ、国内の政治でも軍部の発言力が日増しに強まっていた。

一九三六年には、日本陸軍の急進的な皇道派の青年将校によるクーデター、二・二六事件が起こる。反乱は同じ陸軍の統制派によって鎮圧されたが、事件以降、統制派の軍人は新たな内閣の組閣において閣僚人事に介入するようになり、かつて存在した軍部大臣現役武官制（陸・海軍の大臣に現役将校のみが選ばれる制度）を復活させるなど、軍部が国家権力を掌握する体制が作り上げられていった。

「治安維持」という言葉の本来の趣旨から考えれば、二・二六事件などのクーデターや、首相が暗殺された五・一五事件などのテロ行為こそが治安維持法によって取り締まられるべきはずだった。しかし、こうした国家主義運動への適用は検討こそされたものの、実際には行われなかった。

反対に治安維持法に課せられた新たな役割が、軍部によるファシズムの台頭に抵抗しようとする動きを取り締まることだった。戦時体制確立に向けた治安維持法の適用拡大を示す代表的な事件が、一九三七年三月に結成された日本無産党への一斉検挙だ。日本無産党は「労働組合、農民組合の強化」などとともに「反ファッショ（ファシズム）人民戦線統一」を綱領に採択しており、同年七月に日中戦争が始まると、その活動内容は反戦の色彩を強めていた。

彼らの活動はもともと、暴力革命ではなく議会を通じて社会主義を目指す合法的なもので、必要な届け出も行ったうえで活動していた。しかし、当局が治安維持法の解釈を変更したことにより、同年十二月十五日、治安維持法違反として関係者四百四十六人が検挙される。さらに日本無産党自体が「国体変革結社」であるとされ、治安警察法により解散を余儀なくされた。

いったいどうすれば、それまで合法とされていた活動を違法とすることができるのか。治安維持法の適用対象を広げるために当局が逆手に取って利用したのが、共産主義を世界に広めるための国際組織・コミンテルンの戦術の変化だった。

コミンテルンは組織された当初、議会政治に否定的で、議会を通して社会主義を実現しようとする社会民主主義や自由主義と敵対していた。しかし、ヨーロッパでドイツをはじめファシズムが台頭してくると、コミンテルンはそれに対抗して勢力を拡大するため、一九三五年七月、モスクワで開いた第七回世界大会で新たな運動方針を採択する。社会民主主義や自由主義のグループ、その他の大衆団体と統一戦線を作り、協力して活動するという方針を打ち出したのである。そこでは、「合法場面を利用した闘争」も呼びかけられていた。

このコミンテルンの戦術の変化を知った日本の当局は、国内の社会民主主義者や自由主義者たちがこれに応え、共産主義を広める恐れがあると考えた。そして、合法だった日本無産党などの活動を治安維持法違反としたのである。

当時、特高や思想検事たちのマニュアルとして利用された「思想事件聴取書記載要領」(東京控訴院検事局・戸沢重雄作成)には、被疑者や被告人を有罪とするための条件が記されている。そこでは、取り調べによって彼らから共産党またはコミンテルンに対する〝認識〟を引き出すことさえできれば、それがたとえコミンテルンの存在を知っているという程度だったとしても罰しうると解説された。

これを額面どおりに受け取ると、治安維持法で処罰されないためには、意図的にコミンテルンや共産主義について知ることのないよう生活しなければならないことになる。

日本無産党を治安維持法違反とする論理転換を主導したのも、池田克だった。池田は日本無産党がファシズムに対抗するため、「共産主義のみならず、社会主義、民主主義、或は自由主義、其の他異った思想的立場に立つものとの共同戦線」を張り、「彼等の終局目標たる無産階級独裁、国体を変革して無産階級独裁の政治段階を樹立する為の一つの準備行動（傍点引用者）」を行っているとして、治安維持法違反に当たると説明した（「講演最近に於ける思想犯罪の傾向」、東京司法懇話会『第一回懇話会記録』所収、一九三八年六月）。

ここで池田が用いた「終局目標」「準備行動」などの用語や、別の事件の判決文などで見られる「結局に於て、日本共産党の目的に資する」などといった論法は、通常であれば治安維持法違反に問えない活動をしている団体を、共産党やコミンテルンをただ知っているという程度で違法とするために多用されたものだった。

刑法学者の内田博文氏は、この時期、法の濫用に歯止めをかけるはずの裁判においても、思想検事と同様の解釈が判決として出されていたと語る。

「裁判所は、『我々が有罪だと思ったら、有罪なんだ』という初めに有罪ありきの判決を言い渡しました。この時代の治安維持法違反事件を見ると、ごく一般的な日常生活を送っている国民でも治安維持法違反で有罪にできたことがわかります。ふつうの国民のふだんの生活が取り締まられていたのです」

特高による「えぐり出し」

一方、思想検事とともに共産党勢力を事実上壊滅させた特高においても、治安維持法による検挙が精力的に続けられていた。一九三七年版の内務省警保局『社会運動の状況　昭和十二年』には、この時期の特高の検挙方針を示す象徴的な一節がある。

内務省に於ては、此の趨勢《すうせい》に対応し「如何に運動が合法的に展開さるるとも、その意図する所がコミンテルンの新方針の実践たり、又は共産主義革命に大衆を動員せんとするにある以上断乎之が剿滅《そうめつ》を期す」との根本方針を樹立し〔中略〕合法運動を利用し、又は之を擬装して巧妙なる活動を展開しつつありたる分子の掃蕩《そうとう》に努むるところありたり。

このように、運動が「合法的」でも取り締まるという方針は、同じ年の三月に大阪府特高課が作成した「最近に於ける共産主義運動の動向と其の危険性」(『特高警察関係資料集成』第五巻所収)にも明確に示されている。

共産主義運動の取締に当りては、［中略］些々《ささ》たる法的技術に捉われず、現存法規の全面的活用を図り、法の精神を掬《く》みてその適用を強化拡張し、苟《いやしく》も共産主義を基調とする運動なるを確認するにおいては、非合法はもちろん、たとえ表面上合法たりとも仮借なく断乎制圧を加え、以てこの種運動を我国より一掃せんことを期すべきなり（傍点引用者）

特高には、たとえ共産党が壊滅しても取締りを継続しなければいけない事情があった。荻野氏が指摘するのは、特高の組織の肥大化である。

「一九三〇年代前半に一万を超える人たちを検挙した特高警察は、どんどん増大していきました。しかし、［共産党の壊滅によって］取締り対象がなくなったとき、彼らは増大した組織を縮小することは考えずに、自分たちの存在意義を示して何とか組織を維持していこうとした。新たな取締り対象をえぐり出すことで組織を温存したのだと思います」

『社会運動の状況』には、年ごとの主要な治安維持法違反事件の一覧表が掲載されている。日中戦争が始まり、「現存法規の全面的活用」が求められた一九三七年以降に検挙された団体のリストに目を通すだけでも、取締りの対象がこれまでになく広がっていることが見て取れる。

過去には「○○党」「○○連盟（同盟）」「○○組合」などが多かった検挙対象の名前に、「非合法グループ金曜会」（愛知県）など「グループ」という言葉が頻繁に見られるようになる。これは、「結社」にまで至らない小規模な団体が取締り対象となっていたことを意味する。また、「反戦落書」（愛知県）、「文字と言語運動」（山形県）のように、共産主義との関係がにわかには想像しがたい検挙対象が続出するようになってきた。

一九三八年には「いわゆる合法的左翼運動（傍点引用者）」として、「唯物論研究会」が検挙（警視庁「警視庁管下における共産主義運動の情勢と検挙学生の取調状況」『特高警察関係資料集成』第五巻所収）。続く三九年には「国家機関ならびにその外郭組織、自治団体、各種合法団体に潜入するもの」として、国の重要政策の企画立案を行う国家機関だった企画院の若手・中堅官僚が検挙される「企画院事件」が起きている（同右）。これは、企画院内部で正式に許可を受けていた勉強会の参加者が検挙されたもので、治安維持法による取締りが国家の政策にも影響を与えることを意味していた。

一九四〇年になると、「演劇グループ」、「人形工房」、「新協、新築地劇団関係」（警視庁）、「雑誌『京大俳句』」（京都府）、「神戸詩人関係」（兵庫県）、「落書及指導グループ」（愛知県）など、合法的かつ非政治的なグループにも弾圧が及んでいくようになる。

余談だが、このとき「人形工房」として検挙された現・人形劇団プークは戦後も活動を続け、現在はNHK Eテレでおなじみの「ざわざわ森のがんこちゃん」や「いないいないばあっ!」などで数多くの人形劇を手がけている。

さて、こうしたグループへの取締りはその多くが目的遂行罪を根拠として行われた。全起訴者のうち目的遂行罪に問われた者の占める割合を見ると、一九三〇年代前半には平均三十パーセントだったのが、三九年は四十四パーセント、四〇年には四十七パーセントと顕著な増加を示していた。

さらに一九四〇年代になると特高は、少しでも戦争遂行の妨げになると考えられる思想を持つ者を捜査対象に含める方針を明確に打ち出すようになる。四〇年二月に行われた茨城県特高主任会議では、「今次《こんじ》［このたびの］事変を帝国主義戦争なりとの見解を有する者」や「戦争反対、戦争忌避的思想の抱持《ほうじ》者およびこれら言辞を吐露する者」を十分に監視するよう指示が出され、彼らが「戦争反対および戦争忌避の思想」を人に吹き込むことや「敗戦思想の普及を図り、国民思想を攪乱《かくらん》する」ことがないよう捜査を徹底していくことが共有された（水戸地裁検事局「茨城県署長・特高主任会議関係書類」『特高警察関係資料集成』第二十五巻所収）。

荻野富士夫氏は、特高がいわゆる反戦反軍思想のみならず、「戦争をしたくない」という戦争忌避の考えの持ち主さえも、共産主義運動に利すると見なして監視と取締りの対象としていたと指摘している。

宗教への取締り

一九三〇年代中盤から後半にかけて、特高による「えぐり出し」が開拓した新たな治安維持法の活動領域として欠かすことができないのが宗教である。その端緒となったのは、三五年に行われた皇道大本《こうどうおおもと》への一斉検挙だった。

大本は一八九二年に生まれた新興宗教で、教祖の出口なおは世の「立替え・立直し」を唱え、大正期には官僚や軍人からも支持を集めた。一九二一年には同じく教祖の出口王仁三郎《でぐちおにさぶろう》ほか幹部数人が不敬罪によって検挙されている。同年、大本より、皇道大本に改名(戦後再び現在の名称である大本に改名)。一九二七年以降再建し、三〇年代半ばには信者四十万人を称する一大教団に成長した。

三四年、出口は昭和神聖会という政治団体を結成し、一部の軍人と連携しながら天皇に国家改造を断行するよう奏上する運動を進めるなど、国家主義的な活動を活発化させるようになる。天皇機関説(国家を統治権の主体とし、天皇は国家の一機関にすぎないとする明治憲法の解釈)の排撃運動などでは民間における最も強力な運動の担い手となり、世論の右傾化に決定的な役割を果たしたとされる。

五・一五事件や血盟団事件など、国家主義が主導したテロやクーデターを経験していた内務省は、軍と結託して強大な力を持ち始めた皇道大本に脅威を感じ、治安維持法による取締りを行うことを決めた。

一九三五年十二月、特高はまず教団幹部ら三十余人を検挙。その後も断続的に取締りを続け、最終的な検挙者は一年間で九百八十七人を数えるまでになった。さらに内務省は翌年になると、教団の建物の破却命令を出すよう各府県に指令を出し、大本の本部にあった神殿をダイナマイトで爆破させ、その他の施設も徹底的に破壊させた。

しかし検挙したはよいものの、治安維持法による宗教団体の処罰にはこれまで以上の困難が伴った。左翼的な団体と性質が異なる大本には、治安維持法を運用する際の命綱である共産党やコミンテルンとの関係を少しも見出すことができないからだ。

ここで再び威力を発揮したのが「国体」だった。当局は皇道大本の教義に関する膨大な量の書類を精査したうえで、その教義は天皇をいただく国体を廃止し、出口王仁三郎が天皇に代わって日本の統治者になることを現実に目指すものであり、皇道大本は国体の変革を目的とする結社に当たると解釈した。

一宗教の教えそのものを治安維持法違反としたこの解釈は、結果的に一九四二年四月に下された第二審判決で否定され、治安維持法については無罪となり、不敬罪でのみ有罪となる。しかしこれまで見てきたように、治安維持法の威力は検挙時点で発動するものであり、皇道大本も無罪判決までの六年半の間に壊滅的な打撃を被っていた。

国体観念を認めなければ有罪

特高による皇道大本の検挙は、宗教団体を治安維持法で取り締まる新たな道を切り拓いた。一九三六～三七年には新興仏教青年同盟、三八年には天理本道《てんりほんみち》（現・ほんみち）などが国体に反するものとして次々に検挙され、解散させられていく。

そして、特高の後を追うように思想検察も治安維持法による宗教の取締りに乗り出した。一九三九年三月に行われた思想実務家会同では、「類似宗教［新興宗教］の取締強化の具体的方策」が議題として掲げられ、松阪広政刑事局長は「事変［日中戦争］を利用して不逞の目的を遂げんとし、或は銃後の秩序に混乱を生ぜしむるが如き言動に出づる類似宗教団体も、亦、其の数少なくない」と注意を喚起した（司法省刑事局「昭和十四年三月思想実務家会同議事速記録」『思想研究資料特輯』第六十二号所収）。問題は、これら「類似宗教」を国体変革と結びつけることができるかどうかだったが、ここでも思想検事たちは新たな論理を開発する。

転機の一つとなったのが、同三九年、信者が兵役を拒否したことから始まった灯台社事件である。灯台社とは現在のエホバの証人の日本支部として結成されたもので、キリストの再臨や神の絶対性を説いたことで知られる。

荻野富士夫氏が着目するのが、大審院検事局が検挙前に示していた灯台社に関する認識だ。同局はその危険性を「現存する国家社会の組織制度を悉《ことごと》く悪魔の所産なりと説き、之と妥協することを拒否するの思念を導入する等の方法に依りて、国体観念を銷磨《しょうま》せしめんとする（傍点引用者）」としていた（大審院検事局「灯台社事件被疑者取調要綱」、一九三九年、『治安維持法関係資料集』第二巻所収）。国体を「変革」するのではなく、「銷磨」つまり、その観念をすり減らすことが危険だというのだ。これはやがて、国体を「否定」する行為が治安維持法違反とされる判決へとつながる。

この「国体の否定」という概念は、それまでの「国体の変革」とはまったく異なる意味を持つ。問題とされているのが、「国体を破壊し、作り替えること」ではなく、「国体という考え方を信奉しないという人の意識そのもの」だからである。

「新」治安維持法の成立

度重なる拡大解釈は、法律を運用する側にとっても決して居心地の良いものではなかった。一九三四年、三五年に治安維持法の改正を主導したものの、結果挫折した大審院検事の池田克は、三九年に「新法学研究」の一冊として発表した著書『治安維持法』（日本評論社）の冒頭で、「［治安維持法の］適用範囲は年毎《としごと》に拡大され来たり、今や解釈運用の限界点に到達」していると述べ、法律の不備を指摘した。さらに、「治安維持の目的遂行に支障なきを期するが為には、規定を実体的にも手続的にも整備することを緊切とする」として、解釈運用を改めるのではなく、法律自体を運用の実態に合わせる必要があると論じた。

一方、現場の特高からも治安維持法の改正が要望されるようになった。一九三九年七月の東京刑事地裁検事局主催の特高主任会議では「マルクス主義の長所は取り入れるが実践運動はやらないという場合、共産党支持の点が出て来ない場合、何とか治安維持法の解釈の範囲を広くしていただきたい」という要望が出され、さらに中村絹次郎《なかむらきんじろう》特高第一課長からは「現在のところ、左翼の方から見れば非常に乱暴と思われるような法案でも通り易いようになったと思います」というあけすけな発言もなされた（東京刑事地裁検事局「特高主任会議議事録（其ノ二）」、一九三九年、『特高警察関係資料集成』第二十六巻所収）。

そして、太平洋戦争開戦を間近に控えた四一年三月、治安維持法は再び改正される。法案が提出された議会では反対意見はほとんど出されることがなく、新聞も事実を報じるにとどまった。

改正の内容はこのあと少しずつ見ていくが、条文の分量だけを見ても、もともと七条だったものが六十五条に増えるなど、法律の適用範囲は大幅に広がった。あまりにも多くの変更点を持っていたことから、研究者の間では、「新」治安維持法と位置付けられている。荻野富士夫氏はこの改正の目的を次のように解説する。

「目的遂行の認定があまりに窮屈になってきているので、それならば本末転倒ではあるが、拡大解釈されていた運用の実態に条文を合わせようと考えた。それが一九四一年の改正だったと思います」

改正が行われたこの年、治安維持法による検挙者は全国で千二百十二人を数えた。このとき、東京に次いで最も検挙者数が増えたのが、八十六人が検挙された北海道だった。

私たちは今回の取材を進めるうち、この年に北海道で検挙された二人の男性が存命であることを知った。新たな治安維持法はどのように運用され、彼らにどのような影響を与えたのか。私たちは冬の北海道に向かうことにした。

美術教師を目指していた青年

二〇一八年二月、北海道河東《かとう》郡音更町《おとふけちょう》は、田畑も町も見渡す限り真っ白な雪に覆われ

松本五郎さんは、検挙されたときのことから特高の尋問の様子まで丁寧に説明してくれた

ていた。

まず訪ねたのは、九十七歳の松本五郎さんである。柔らかな目もとが印象的な松本さんは、暖房が効いた室内で四歳になるひ孫の女の子と一緒に新聞の折り込み広告を切り抜いては台紙に貼り付け、切り絵作りに励んでいた。

元教師だった松本さんは、幼少のころから絵を描くことが好きで、引退後のいまも絵画サークルを主宰し、町の人たちに絵を教えている。色とりどりの油絵が飾られた部屋の一角には木のイーゼルが置かれ、白いキャンバスには、積み木遊びを途中で放り出してはしゃぐ、ひ孫の姿がデッサンされている。

「子どもの子どもらしい姿が描きたいんだよ。『こうしたい』『ああしたい』と自分で考えて遊ぶ子どもを表現したい。この子の未来はどうな

後列右から2人目が当時20歳の松本さん

るのかとか、いろいろなことを考えながら描くんです。絵を描き出したら、時間がたつのも忘れる。本当に一日中描いていているね」

松本さんは一九四一年九月、旭川で教師を育成する師範学校に通っていた二十歳のときに「新」治安維持法によって検挙され、懲役一年六か月の有罪判決を受けた。話を聞くと、松本さんは前触れもなく捕まったわけではなかった。検挙に至るまでの間、師範学校を舞台に、治安維持法改正前後の取締りの強化を背景にしたさまざまな出来事が起きていたという。

同年一月、師範学校の五年生だった松本さんは二か月後に卒業を控え、教師として働くことが決まっていた。絵が得意な兄の影響で入学とともに美術部に入った松本さんは、最終学年には部長も務め、将来は美術教師になりたいと期待に胸を膨らませていた。

「放課後になるといつも絵を描きに出かけたね。石狩川の堤防に行って風景を描いていると、近くを通った女学生がみんな絵を覗くの。私は顔を真っ赤にしながら描いてね……まあ、そんな青春があったんだ。一生懸命作品を描いて展覧会をして、ある程度評価もされて、順調に絵画活動が進む中で将来を夢見たわけだ。紙芝居で吉野源三郎の『君たちはどう生きるか』を題材にした作品を作って、小学校で実演したりもしました。夢多き最終学年だったんですよね。それが突然、暗転した」

事の起こりは、冬休みが明けた一月十日のことだった。帰省先の中標津《なかしべつ》から寮に戻った松本さんは、美術部顧問の教師だった熊田満佐吾《くまだまさご》さんが治安維持法違反で検挙されたことを友人から知らされた。熊田さんは誠実な人柄で、西洋美術のほか、小説や映画、音楽に対する造詣も深く、自宅でレコード鑑賞会を開くなど、部員の学生たちから慕われる存在だった。

部長だった松本さんは、学校に戻るなり管理職の職員などから部の活動内容や熊田さんとの関係について執拗な聞き取りを受けた。当時、治安維持法に関する知識がほとんどなかった松本さんは、熊田さんの振る舞いの何が問題とされたのかまったくわからなかったという。

「治安維持法の名前くらいは聞いていたけど、条文をしっかり読んで検討するなんてことはやっていなかったからね。『治安を維持』するのだから、何も悪いことではないんじゃないのという程度の認識さ。でも、振り返ると、先生は、『進め進め、兵隊進め』って人が死んでいく戦争に対しては批判的で、戦争はやるべきでないという考えだったように思うね。まさか自分が捕まるとは思っていなかったと思うけれどもね」

思想善導の末の検挙

学校による松本さんたちへの聞き取りが行われたあと、全校生徒が講堂に集められた。集会では、熊田さんが検挙された理由について、学校内で「紙芝居研究会」「ルネッサンス研究会」「読書会」「レコード研究会」などのサークル活動を通じて危険思想を広めたためだと説明された。

そして、会合に参加して熊田さんの影響を受けた危険人物として、松本さんをはじめとする六人の学生の名前が公表され、うち五人に留年、一人に退学の処分が下された。わけもわからず留年組とされた松本さんだったが、学校の決定に従うほかなかった。卒業していく仲間たちから取り残されることになった五人の留年組に対し、学校側による思想善導が始まった。

「まず親が呼び寄せられたの。親子ともども護国神社［戦争で亡くなった兵隊をまつる神社］に連れていかれて、御幣《ごへい》でお祓《はら》いだ。思想善導のセレモニーだね。大きな太鼓をドンドン打ち鳴らして、悪魔を祓うということだったんだろう。反省文をたくさん書かせられたりもしたね。大勢の生徒が通る目の前で、校内にあった神社の掃除をさせられたり、参拝させられたり。そんなことで我々の思想が変わるわけでもないのに。それでも一年やれば卒業させるという学校の約束があったから、まあ面従腹背《めんじゅうふくはい》ということで頑張ったのね」

当時、旭川は帝国陸軍第七師団の駐屯地の一つだった。師範学校では、全寮制による軍隊式訓練が取り入れられ、国家に忠誠を尽くす人材の育成が目指されていた。松本さんが入学した一九三六年には昭和天皇の行幸を受けて天覧体操を行ったこともあり、国策に沿った教育方針は揺るぎないものだった。

執拗な思想善導を受けながら、松本さんは八か月に及ぶ留年生活を送った。しかし、卒業の約束は果たされなかった。一九四一年九月二十日の早朝、松本さんたちの寄宿舎にオーバーを着た五、六人の警官が踏み込んできた。松本さんは、当時の様子を手記に残していた。

何の用事だろうと考える余裕もあたえず、［警官の］中の一人が松本五郎という生徒はいるか、ときかれたので、「ハイ私です」と答えると、「我々は警察の者だ、君に聞きたい事があるので、署まで来てもらいたい」といった。頭に浮んだ事は、熊田先生と私の関係をきかれる位だろうと思った。彼等は私を自分の部屋まで案内させ、本棚・本箱・机の引出をあけて日記・手帳・手紙・本など取上げた。大げさな事をするものだと思ったが事情がわかればすぐ返却されるだろうと、軽く考えていた〔中略〕警察署についたら事務室で事情聴取をされるだろうと思っていたら、土間の通路を隔てた事務室の反対側にある施錠された部屋の錠をはずした。そして角材の頑丈な扉が開かれた。「そこに入れ」と命ぜられた。何たる事か、まるで罪人扱いではないかと思ったが反抗もできず中に入ったら途端扉がしまり、ガチャンと施錠されてしまった。

（松本五郎『証言 生活図画事件』）

このとき松本さんは、学校の思想善導に従って生活していた自分が罪に問われるとは夢にも思っていなかったという。

「何で捕まったのかもわかんないもん。描いた絵が悪いと言っていたから、『どこが悪いんですか』と聞いたら、『非常時と言われる時代に、本を読んだりみんなで話し合ったり、それは非協力的で世の中を批判しているのではないか』と。独断的な理由で、さんざんいじめられたね」

限界まで拡大していた検挙対象

前述した治安維持法の改正が行われていたのは、熊田さんの検挙から松本さんが検挙されるまでの間に当たる一九四一年三月のことだった。つまり、熊田さんは改正前の治安維持法で、松本さんは「新」治安維持法の下で検挙されたことになる。新たな治安維持法では、法律の適用範囲が限界まで拡大されていた。

治安維持法の改正が必要な理由を説明する司法省刑事局の資料「改正治安維持法説明書（案）」（一九四一年三月、『治安維持法関係資料集』第四巻所収）では、「現行法の不備なる点」として以下の四点が挙げられている。

一、支援結社に関する処罰規定を欠如せること
二、準備結社に関する処罰規定を欠如せること
三、結社に非ざる集団に関する処罰規定を欠如せること
四、宣伝其の他国体変革の目的遂行に資する行為に関する包括的処罰規定を欠如せること

「新」治安維持法ではこれらの欠陥をすべて埋める改正が行われた。概要について、四つの項目に沿って見ていきたい。

一の「支援結社」とは、いわゆる外郭団体と言われたような結社のことだが、この時点ですでに共産党も外郭団体も壊滅状態になっていたのはこれまで見てきたとおりである。しかし当局は、共産党に限らない何らかの「国体変革結社」と、それを支援する結社が存在する可能性に鑑み、規定を新設した。

二の「準備結社」とは、共産党を直接再建しようとする人たちではなく、再建の「準備行為」をする結社のことで、「結社性を認め得る読書会、研究会の如く集会宣伝啓蒙等の方法に依り党的機運の醸成に努むると共に共産主義者を養成結集して党再建に資するが如き行為を担当せるものをも包含する趣旨」(「改正治安維持法説明書(案)」)とされた。さらに、これまで「国体変革結社」を組織することにのみ科されていた死刑が、支援結社や準備結社を組織した場合にも適用されることになり、極刑の適用範囲も広がった。

三の「結社に非ざる集団」とは、これまで「グループ」などと呼ばれてきた小規模な集団のことである。こうして、規模や性質にかかわらず、国体の変革に資するとみなされた集団は罰せられることになった。一、二、三の集団の目的遂行罪も新設され、集団のさらに周辺にいる人たちにも適用範囲が広がった。

さらに注目すべきことは四の「宣伝其の他国体変革の目的遂行に資する行為」に関する処罰規定である。これは、結社や集団に属していなくても、個人の行為として「国体変革」の目的を持って宣伝、その他の行為を行えば、治安維持法違反とされるという規定だった。これによって、治安維持法が成立当初に持っていた結社を取り締まるという性格は消え去った。

適用対象の拡大という点からもう一つ注目されるのが、国体否定と「神宮若は皇室の尊厳を冒瀆《ぼうとく》すべき事項」の流布に対する処罰規定と、目的遂行罪の新設である。この規定により前述した「類似宗教」への適用がより容易になり、キリスト教をはじめとする宗教団体への治安維持法による弾圧が加速していった。

松本さんたち美術部の学生は、考えられるすべての対象を網羅したと言ってもいいこの「新」治安維持法の下で検挙された。

犯罪の証拠とされた絵

熊田さんに続いて松本さんたち美術部の生徒が検挙された事件は、「生活図画教育事件」と呼ばれている。北海道内で「生活図画」と呼ばれる美術教育を行った教師や、その生徒、卒業生を含む七十九人が検挙された事件だった。生活図画とは、現実の日常生活をリアルに見つめ、その中により良い生き方を求めて絵画で表現するもので、同じ流れを汲《く》む「生活綴方《つづりかた》（作文）教育」などとともに北方性教育運動として東北地方や北海道でよく取り入れられていた。

なぜ彼らが罪に問われたのか。松本さんが見せてくれたのが、美術部で展覧会を開いたときに撮影した絵画の写真である。授業の様子や放課後の活動など、身の回りの日常を描いた絵が並ぶ。このとき展示した絵は、ほとんどすべてが「犯罪行為」の証拠品として警察に没収されたという。

次頁の図1は、松本さんがレコードの鑑賞会を開いたときの様子を描いた、「レコードコンサート」という絵だ。松本さんは、白黒写真の中にしか残されていない作品を見返しながら、次のように語った。

「未来の明るい生き方を描くんだという、自分の心を表現したつもりなんだけれどもね。その人らしい真剣でまじめな生き方を追求していかなきゃならんというのが、生活図画の主張だったんですよ。こういう絵を見て特高はどう評価するかっていうと、やっぱり危険思想を持っているという先入観がありますから、『この目つきがおかしい』『良からぬことを考えているんでねえか』とこちらの内心を覗き見るようなことで結局罪になるんです。

図1

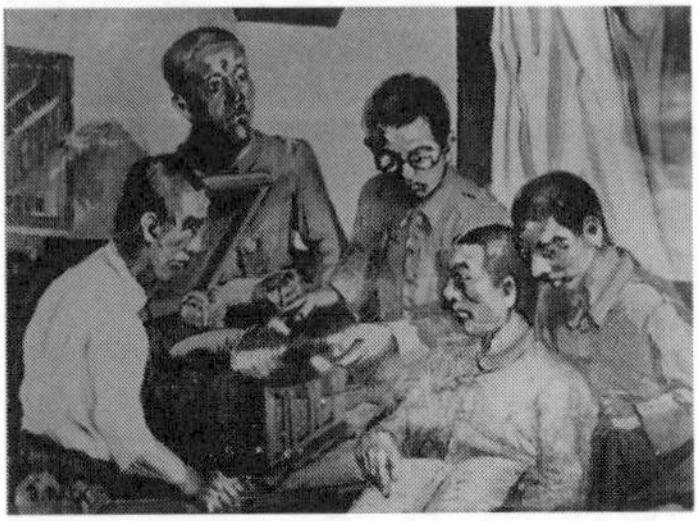

図2

図3

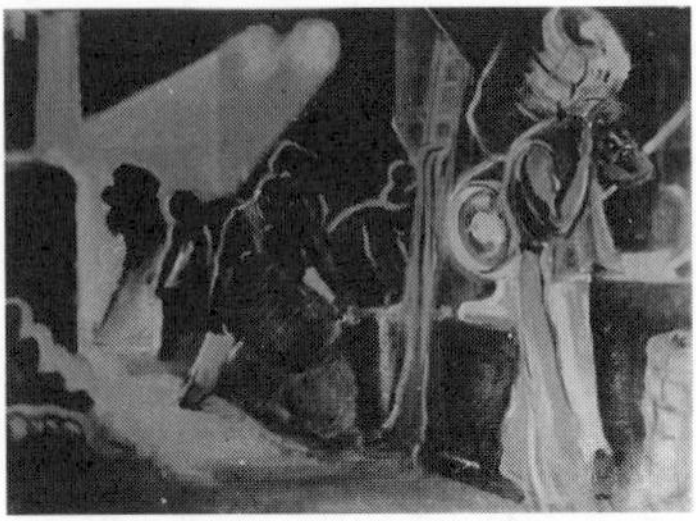

図4

一般の人が見て、何で罪になったのかわからないようなことでも、ちゃんと罪に結びつくんです」

実際に松本さんの絵はどのように解釈されたのか。松本さんから裁判の判決文を確かめてほしいと依頼を受けて、私たちは旭川の検察庁に問い合わせた。担当者によれば、「当時の判決文の保管期限は五十年とされているが、それが過ぎたものでも各検察の判断で保管されている場合があるので探してみる」という内容の返答だった。

数日後、「松本さんの判決文は見つからず、破棄したと思われる」との回答があった。結局、松本さんの絵の何が問題とされたのかを知ることはできなかった。

第四章で述べたとおり、韓国では戦前・戦中の判決文の多くがインターネットで公開されている。治安維持法違反事件関連の判決文は戦前・戦中史の研究においても重要な意味を持つものであり、日本でも適正なルールに基づいた管理と公開が望まれる。

絵を描くことがなぜ罪となるのかに話を戻そう。司法省刑事局「生活図画教育関係治安維持法事件資料」(『思想資料パンフレット特輯』第三十巻、一九四一年)には、当時証拠品として押収された絵画のコピーとともに、その絵のどこが問題なのかという理由が記されている。

前頁の図2は、当時帯広の小学校に勤務していた教師が、学生時代、美術部で雪かきに励む子どもを描いた油絵だ。この絵は「小学校に於ける勤労作業場面を描けるものにして児童の意欲的なる表情と姿態は作者の階級意識を如実に現し」ているため、描いたという行為が目的遂行行為に当たる疑いがあるとされた。

図3も松本さんと同じ師範学校の美術部の卒業生が学生時代に描いた絵で、精米所で働く人たちの様子を描いた作品である。これは「資本主義社会の下に於ては機械は搾取の道具であるが共産主義社会に在っては機械と人とが真に一体となって働くことが出来るとの作者の意識を此の画面に表現せるもの」であり、同じく絵を描いたことが目的遂行行為だとされた。

図4は、旭川の中学校に通っていた五年生が、熊田さんたちが開催した絵画展に出品したポスターだ。学生の勤労動員を勧めていた当時の文部省の方針に沿ったものとも見えるこのポスターは、「戦争に依る農村の労力不足を一般に認識せしめ反戦思想を啓蒙するもの」として、この絵を展示した行為が問題だとされた。

本を写し書きした尋問調書

以上見てきたような絵の解釈は、さすがに取締り側だけで勝手に決めつけるわけにはいかず、最終的には本人に同様の供述をさせなければならない。有罪の決め手となる、共産主義やコミンテルンへの認識についても条件は同じである。しかし、松本さんら学生たちは、本などで目にしたおぼろげな知識がある程度で、共産党やコミンテルンの目的・理論については素人同然だった。

一方、長年にわたる治安維持法の運用で経験を積んできた特高には、検挙者に必要な供述をさせるためのあらゆるテクニックが蓄積されていた。留置所に入った松本さんに最初に行われたのが、あえて取り調べをせず、いつ取り調べるかという情報も与えずに、ただ勾留を続けることだった。

「留置所に入ってすぐ取り調べがあると思っていたら、調べないの。一日ずっと何もせずに黙っていたら、ちょっとおかしくなりそうになりますよね。それが十日たっても二十日たっても音沙汰がない。もうしまいにはノイローゼみたいになって、髪の毛が針金になった感じがするんですよ。実際には硬くなっているわけではないけれど、触ったら頭が痛い。『ああ、完全に病的だな』と感じた。そういう状態になって一か月ぐらいたってから、やっと呼び出しが来たわけですよ。やれやれと思って行ってみたら、ロイド眼鏡をかけたおっかない顔した特高刑事が取り調べに入ってきて、いきなり質問さ。『貴様《きさま》は共産主義を信奉して、同級生や下級生に啓蒙したろう』と。びっくりしてね。『そんなこと、考えたこともありません』と言ったらね、『この野郎、貴様は警察をなめる気か』と恫喝さ。

震え上がりましたね。いまにも拳骨が飛んできそうな剣幕でしたから」

取り調べが始まると、松本さんは自白を促され、「共産主義を信奉した」と手記に書くよう命じられたという。しかし前述したように、松本さんには共産主義についてくわしく書けるほどの知識がなかった。

「『コミンテルンとは何だ』『唯物史観をどう思う』『プロレタリアの芸術論を書け』とか。『共産主義の基本的な考え方を書け』とか。書けないのね。だから、『わかりません』と言ったら、本を出してきて『じゃあ、ここに本があるからこれを見て書いてもいいぞ』と言うの。れっきとした教本さ、マルクス主義のね。見ていいから書けって、徹底的に書かされるのね。『これが足りない』『もっと書き足せ』と、強要によってできた尋問調書なんですよ」

自白調書の証拠採用

特高が自白調書にこだわった背景には、一九四一年の治安維持法の改正があった。改正前の法律では、強引な尋問が行われて人権を損なうことがないよう、捜査段階において作られた自白調書は一般の刑事裁判では証拠にできないとされていた(大正刑事訴訟法三百四十三条　注・一部、軽微な事件は別とするという例外があった)。しかし「新」治安維持法の第二十六条では、検事が被疑者や証人を尋問することや、司法警察官に尋問を命令することが法律で認められた。これにより、尋問に基づいて作られた自白調書が証拠として採用されることになり、裁判における価値は飛躍的に高まった。

刑法学者の内田博文氏によれば、検察にとってこの改正は長年の悲願だったという。

「捜査機関の人間は過去に帝国議会に対して、自白調書が有罪の証拠となるように何度も要請していました。そのときに帝国議会で問題になったのは、『それを認めたら自白を取るために拷問するのではないか、現にあちこちで行われている拷問を公式に認めることになるのではないか』ということです。『拷問をなくすほうが優先順位が高い』として、捜査機関の申し出は認められなかった。ところが戦時体制が徐々に深まっていく中で、自白調書に証拠としての有用性を認めることが重要とされていく。検察官が作成したいわゆる検面調書が有罪証拠能力を持つように改正されたわけです」

さらに内田氏は、このときの治安維持法改正こそが、現在の「自白偏重」とも言われる日本の刑事司法の始まりとなったと指摘する。その理由は、自白調書に有罪証拠としての能力を付したこの規定が戦後も温存され、拡大されたからだ。

「捜査官にとって、このような制度は非常に便利なわけです。敗戦後の混乱の中で、治安維持法だけではなくて、あろうことか一般の刑事事件すべてについても、一定の条件の下で検面調書の証拠能力を認めていく。のみならず、警察官が作成したいわゆる員面調書［司法警察員に対して行った、被疑者や参考人の供述を記録した調書］についても、一定の条件の下で証拠能力を認めることになってしまいました。本来、あくまでも治安維持法［や国防保安法事件］に限定して認められた制度ですので、戦後の日本国憲法の下ではもう一度ご破算にして、改めてその是非をきちんと議論した上で存続させるかどうかを考えるべきでした」

内田氏によれば、現在、アメリカやイギリスなど裁判で陪審制度を運用している国では、自白調書の証拠採用を禁止していることが多いという。その理由は、自白が捜査側の取り調べによって左右されやすく、証拠としての信憑《しんぴょう》性が低くなりがちであるためだ。

「戦後の日本の刑事裁判の特徴の一つである、捜査段階の自白調書に有罪証拠としての証拠能力を認める制度は、戦前の治安維持法の発展上にあると考えていいと思います。それが、現在も自白調書を巡って『誤判ではないか』という争いが頻繁に起こる一因となっているわけです」

ねつ造された証拠

自白を迫られ、手記を書くよう命じられていたとき、松本さんは留置所の劣悪な環境に悩まされていた。食事は悪臭が染みついた木の箱に詰められていてほとんど喉を通らず、汲み取り式の便所にふたを乗せただけの室内は、不潔そのものだった。

「ある日、パンの差し入れが来て、いっぺんに食べたらもったいないから枕元にしまっていたら、夜中にドブネズミが入ってきて、争奪戦だ。いま思い出してもゾッとするけど、そんな不潔な環境でね。夜になったら布団部屋から布団を運ばされるのね。誰が使ったかわからんような湿った汚い煎餅《せんべい》布団で、そこにコロコロしたシラミがいっぱいいるわけ。夜中になると、布団からシラミが自分のシャツに入り込んできて、体を掻《かじ》るんですよ。痛いぐらい痒《かゆ》いから、目が覚める。昼も夜も安らぐ暇《ひま》がない。いったい俺はどうしてここにいるんだろうかって……」

精神的にも肉体的にも弱り切っていた様子を見透かされたかのように、松本さんは特高から、ねつ造した尋問調書に拇印を押すよう求められた。

「この人間［特高］は真実を追求しようとしていないことはすでにわかっていた。でも、検事や判事のところへ行ったら、必ず［特高の］ボロが出るだろうと。そう思って一応、『相違ありません』と拇印を押したわけだ。もう押す以外になかった。とにかく一日でも早くこの環境から抜け出したい。嘘を言ってもいいからこの場を凌《しの》げればいい。そんな、やけっぱちみたいな気持ちで判を押しちゃった。精神的にも肉体的にも限界で、病的だったかもしらん。その尋問調書がこれからの取り調べの唯一の基本になるなんて夢にも考えなかった」

いったん、特高による証拠のねつ造に荷担させられた松本さんたちは、次々と新たなねつ造を求められていくようになる。前出の司法省刑事局「生活図画教育関係治安維持法違反事件資料」の中には証拠品の一つとして、検挙される八か月前に松本さんと美術部の友人である菱谷良一《ひしやりょういち》さんとの間でやりとりされたという手紙の内容が掲載されている。そこには、資本主義を憎み、公権力や戦争を憎む学生の確固たる意志が記されていた。

昭和十五年一月

発信者 菱谷良一　受信者 松本五郎

現在社会の矛盾生活の苦るしみの原因は資本家の暴圧であり吾々プロレタリアートは常に其の本に泣かねばならぬ。日常生活に於ける矛盾、警察こそ吾々の直接の敵であって最もにくむべき奴等だ。

発信者 松本五郎　受信者 菱谷良一

吾々はもっと此の矛盾を追究せねばならない。それには本を読むことが必要だ。君はもっと先生につきあって啓蒙された方が良い。支那事変も資本家が自分の欲のために行っている戦争だ。人民は資本家の手先きになって死に或は死にまさる苦痛を味わっているのだ。此の矛盾に対しては吾々は如何なるそしりを受け様とも解決するために道を講じ勉強して行こう。

（「生活図画教育関係治安維持法違反事件資料」）

この文通の相手とされた菱谷さんもまた、当時検挙された学生の一人だった。現在九十六歳で旭川に暮らす菱谷さんはベレー帽をかぶり、たばこの缶ピースを愛するユーモラスな老人である。菱谷さんは今回、私たちの取材に対し、証拠とされた手紙は自分の意志によるものではなく、特高に要求され書いたものだと証言した。

「これは全部私が［検挙されたあとに留置所で］作ったの。松

菱谷良一さんも松本さんと同じく、美術を愛するふつうの学生だった

本が私に返事を書いているのも留置所で作ったもの。いま考えると恥ずかしい話で、迎合だよね。向こう［特高］が言えば嫌とは言えない。ふだん手紙をやりとりしていたんだったら書けと言われて、書く以上は映画の話なんかをしているよりもこういう内容にした方がいいと［指示された］。これがみんな証拠になるのさ」

「地獄だったね……よく生きていたと思う」

証拠をひととおり揃えられた菱谷さんと松本さんは、検挙から三か月後の十二月に送検され、他の学生たちとともに当時の拘置所となっていた旭川刑務所に送られた。そして極寒の独房に閉じ込められ、裁判が開かれるのを待ち続けた。

零下三十度を下回る寒さの中、手足の指先はひび割れて血が滲《にじ》み、凍傷を防ぐために全身を摩擦しながら亀のように縮こまって過ごしたという。拘置所生活が長引くにつれ、菱谷さんはたびたび精神的な不安に襲われた。

「孤独でした。仲間がいればおしゃべりできるけど誰もいない、一人なんだ。ものも書けない、音楽も聴けない。それに良心の苦しみ。人殺しや泥棒をしたら良心に苦しめられるのはふつうだけど、私は悪いことはしていないんだ。だけども三段論法でね、『刑務所に入るのは悪人だ。俺は現在刑務所にいる。ということは俺は悪いことをした』と考えてしまう。親兄弟にも友達にも迷惑をかけている。国家にも重大なことをした。だから申し訳ないと反省する。そういう呵責《かしゃく》に苦しんでね……。リストカットってあるでしょ。あれみたいに［刑務所作業の］裁縫道具だった太い木綿針みたいなのを腕にブッブツ刺してね。出てきた血を壁になすりつけてモヤモヤをはらした。内心の抵抗っちゅうのかな。自分の血をバーって壁につけて感情を表現するの。地獄だったね……よく生きていたと思う」

このころ、菱谷さんと松本さんにはわずかな望みがあった。特高が作成した捜査資料を基に拘置所で行われる、検事や予審判事による取り調べである。ここで疑いを晴らすことができれば、不起訴や免訴となって釈放されたり、起訴猶予となって裁判沙汰《ざた》にならずに済んだりするのではと考えていた。

「検事はみんな大学出ているだろうから、こんなばかげた作り話は本気にしないだろうと。『嘘偽《いつわ》りは見ればわかる、お前は釈放だ』と帰してくれるという淡い望みを持っていた。でも結局、検事には『菱谷はすごいこと書いているなあ』と皮肉られただけ。予審判事も同じ。そのままベルトコンベアーで行っちゃった。そして裁判にかけられて、最終のゴールまで行ったわけ。ちゃんと［有罪の］賞状もらってきたの」

一九四三年、裁判で松本さんと菱谷さんの有罪が確定した。懲役一年六か月で三年の執行猶予が付いたものの、すでに検挙されてから二年が過ぎていた。

松本さんは、一九四一年の検挙から七十七年がたった今回の取材の中で、事件を次のように振り返った。

「日本は法治国家だって思っていた。法律があって善悪を決めて、悪い者は罰するけれども、良い者は守ってくれる国家だと思っていたわけさ。きっと最後にはわかってくれるだろうと、子どもっぽい信頼感がありましたね。だけどね、警察から検事、裁判所まで一貫して、ついに真実が暴けなかった。暴けなかったと言うよりも、暴かなかったと言うほうが本当かもしれません。だからあの時代以来、法律や規則みたいなものは、場合によっては人間の自由を束縛する材料になる危険があるということを考えるようになりましたね」

「新」治安維持法においては検挙の範囲が拡大しただけでなく、司法処分も厳重化していた。起訴率を例にとると、最も検挙者数が多かった一九三〇年から三三年にかけて三〜九パーセントだったのが、四二年は四十九パーセント、四三年は三十七パーセント、四四年は五十七パーセントと飛躍的に高くなっている（『治安維持法関係資料集』第二巻、第四巻）。

同じ傾向は公判や行刑にも見られた。一九三〇年代の公判における科刑の三分の二近くが二年以下の刑期で、多くが執行猶予付きだったのに対し、たとえば四四年の新受刑者のうち二年以下は三分の一以下しかおらず、残りはすべて二年以下から十五年以下の刑期だった。

荻野富士夫氏は、この時期の取締り側の文書に登場する「思想洗浄」という言葉に、戦時下における治安維持法運用の本質が表れていると指摘する。

「思想を洗い流す、洗浄するという言い方です。戦時体制が進行する時代にあって、『何か一つでも異物が含まれていると、それは全体に影響を及ぼすのだから、何とかしなければ』と彼らは考えるわけです。具体的な行動というよりは、単一の思想になじまない考えを持っていること自体が取締りの対象になるということですね。それはたとえば、対象をリアルに見る生活図画であり、自分たちの貧しさを子どもの目で見て客観的に文章にする生活綴方だった。そういう教え方をすること自体が、当時の日本においてはあってはならないと。だからそれらを洗浄した、一掃した」

「新」治安維持法が作られた一九四一年以降の検挙者数は、国内では三千百二十人と二十年間の運用の中に占める割合は多くない。しかしこのとき検挙された人たちの多くは、松本さんや菱谷さんのように、日常をより良く生きようとしていただけのふつうの国民だった。

標的となった在日朝鮮人

「新」治安維持法が施行されたことで検挙者数が顕著に伸びたのが、在日朝鮮人だった。日本の植民地政策を研究する水野直樹氏は、一九四一年から四五年の日本国内における全検挙数に占める朝鮮人の割合が最低でも三割を超えていたと指摘する。当時、在日朝鮮人が日本の人口に占める割合が三パーセント弱だったことを考えると、太平洋戦争中の治安維持法の適用が在日朝鮮人に集中していたと言える。

検挙された人の多くは、朝鮮半島での事例と同じく独立運動に関わったことが治安維持法違反の理由とされた。前章で述べたとおり、日本国内でも司法当局が独立運動に治安維持法を適用する「テストケース」を探していたことが、当時大審院検事局検事だった池田克の発言によって明らかとなっている。それは一九三八年には実際の事件で実現し、さらに「新」治安維持法になると、より容易になっていく。

在日朝鮮人の取締りにおける最大の武器となったのが、「新」治安維持法の第五条、協議、煽動、宣伝に関する規定である。これにより、具体的に独立を目指す活動をしていなくても、それに結びつくような言動をしたとみなされれば、グループではなく個人単位でも治安維持法違反とされることになった。

日本国内で独立運動が治安維持法違反とされた事件として最もよく知られているのが、一九四三年七月、京都の同志社大学に通っていた留学生で詩人のユ・ドンジュとその従兄弟が検挙された事件である。

従兄弟のソン・モンギュは京都帝国大学の文学部で西洋史を勉強していた学生だった

が、二人は独立を目指すグループを作ったわけではなかった。同じ留学生仲間として会って話をする中で「ハングルが葬られようとしている時代だから、自分たちの言語を守らなければいけない。民族の文化を守らないといけない」と語り合ったことが、植民地の独立運動を支援することに関して協議、煽動、宣伝したとみなされて懲役二年の実刑判決を受けたのである。

福岡の刑務所に収監された二人は再び外に出ることなく、獄中で命を落とした。水野氏は、こうした在日朝鮮人への検挙について次のように指摘する。

「もちろん［日本にいる］朝鮮の学生同士が会ったら、これからの時代を語り合うことはあったと思いますけれども、実際に独立運動を企てることはほとんどできない状態にありました。にもかかわらず、彼らが日本の植民地支配に反対していて、その思想が［日本国内でも］広がることを当局が非常に恐れていた。それが結果的に在日朝鮮人による治安維持法違反の事件を生み出したと言えます」

第六章　終戦　治安維持法はなくなったのか

民主化への道筋は示されたが……

これまで、二十年間にわたる治安維持法の運用の軌跡をたどってきた。本章では視点を広げ、治安維持法を中心とした戦前・戦中の治安体制が戦後にいかに受け継がれていったか、その経緯を見ていきたい。

一九四五年八月六日に広島、九日に長崎と相次いで原子爆弾が投下された。八月十日、日本政府は連合国にポツダム宣言を受諾する申し入れを行ったが、このとき「宣言は天皇の国家統治の大権を変更するの要求を包含し居らざることを了解の下に受諾す」として国体を変更しないことへの了解を求めていた。

ポツダム宣言には「日本国政府は日本国国民の間に於ける民主主義的傾向の復活強化に対する一切の障礙《しょうがい》を除去すべし。言論、宗教及思想の自由並に基本的人権の尊重は確立せらるべし」という一節が含まれていた。これは戦後日本の民主化を義務付けるものであり、治安維持法は「言論、宗教及び思想の自由」や「基本的人権の尊重」の確立と相容れないものだったが、日本政府はあくまで国体を護持するために治安維持法の存続を必要とした。

国民に敗戦を知らせた八月十五日の玉音放送の中でも「朕《ちん》はここに国体を護持し得て」と述べられた。特高は敗戦にともなう混乱に備えて、戦時中に監視対象としていた反戦思想を持つ者や左翼、在日朝鮮人、宗教団体に対して、犯罪を予防するためとして検束の準備をしたが、実際には行われなかった。

八月二十四日には「警察力整備拡充要項」が閣議決定され、「今後に於ける治安維持の重要性」に鑑み「警察力を画期的に整備拡充し以て国内治安の完璧を期せん」と、むしろ特高をはじめとする警察力を増強する方針が立てられた。

具体的には「警察官吏定員を差当り現在の二倍に増加［およそ九万人から十八万人］し、「治安維持に関し機動的活動を強化する為主要地域に警備隊を設置する」とされた。ポツダム宣言によりすでに民主化への道筋が示されていたにもかかわらず、国内からは特高や治安維持法を廃止する動きはほとんど見られなかった。

こうした中、アメリカ政府は九月二十二日、「降伏後に於ける米国初期対日方針」を発表する。日本の新聞でも報じられた方針は、以下のような内容を含んでいた。

人種、国籍、信教又は政治的見解を理由に差別待遇を規定する法律、命令及規則は廃止せられるべし又本文書に述べられたる諸目的並びに諸政策と矛盾するものは廃止、停止又は所要程度に修正せらるべし。此等諸法規の実施を特に其の任務とする諸機関は廃止又は適宜改組せらるべし。政治的理由により日本当局により不法に監禁せられ居る者は釈放せらるべし。

これに従えば、治安維持法および特高や思想検察などの組織は即座に廃止され、捕らえられている人々は釈放されてしかるべきだった。しかしこの後、内務省警保局はGHQ（連合国軍総司令部）から特高の組織に関する説明を求められ、特高は「全く一般警察と同様」の組織で「治安維持法による左翼容疑者の検挙は同法第二章の規定に依り必ず検事の令状を以て執行される」と説明した（「説明資料送付に関する件」、一九四五年九月二十六日）。

そして、治安維持法は廃止された

政府が治安維持法と組織の延命を図る中、九月二十六日に治安維持法違反で拘置所に捕らえられていた哲学者の三木清《みききよし》が疥癬《かいせん》に感染し、衰弱死した。この事実は占領軍を少なからず刺激する。そして十月三日には、日本政府が占領軍の求める民主化に消極的であることが露呈する出来事が起きた。

山崎巌《やまざきいわお》内務大臣が海外の新聞記者のインタビューに対して「思想取締の秘密警察は現在なお活動を続けており、反皇室的宣伝を行う共産主義者は容赦なく逮捕する」「天皇制廃止を主張するものはすべて共産主義者と考え、治安維持法によって逮捕される」と、民主化の方針にまったく沿わない発言をしたのである（「東京朝日新聞」一九四五年十月五日付）。さらに岩田宙造《いわたちゅうぞう》司法大臣も、将来は共産主義運動を部分的に認める方針だとしながら、「国体の変更、不敬罪を構成する如き運動は厳重に取り締まる」という見解を示した（同右）。

十月四日、GHQは「政治的、公民的及宗教的自由に対する制限除去の件（覚書）」と題する通牒、いわゆる人権指令を日本政府に突きつけた。

この「覚書」では「思想、宗教、集会及言論の自由に対する制限を設定し又は之を維持せんとするもの、天皇、国体及日本帝国政府に関する無制限なる定義を含む」に該当する一切の法令の廃止が指示され、治安維持法、思想犯保護観察法などが名指しされた。さらに拘禁、禁錮、保護観察下にある一切の者の釈放について、十月十日までに「完全に実施」しなければならないとした。

特高警察機構の廃止と全特高関係者の罷免、保護観察所、その審査委員会の廃止と関係者の罷免も規定された。東久邇《ひがしくに》稔彦《なるひこ》内閣はGHQの方針に反発し、治安維持の責任が取れないとして総辞職することとなった。

こうして十月十五日、治安維持法はついに廃止され、職務を続けていた特高関係者四千九百九十人が罷免された。しかしこのときの罷免は十月四日の時点で特高に在籍していたことが基準となり、それ以前に他局や課に異動していれば、経験が長期にわたる者も不問に付されたという。また課長級以上を除く罷免者の十二パーセントが府県庁、市町村、外郭団体に再就職し、課長級の三割近くが一九四七年ごろの段階で厚生省、総務庁に職を転じたとされる。

一方で、わずかながら人権指令よりも前に職を辞した者もいた。そのうちの一人が第一章で紹介した札幌署の警察官で、終戦時には北海道伊達署の署長を務めていた谷岡茂満さんである。息子の健治さんは、終戦直後に父親がとった行動がいまでも記憶に残っているという。

「署長になってからは常に制服を着ていて、腰にサーベルを下げていました。それをある晩、海へ行って放り投げたんですよ。サーベルというのは、要するに権力の象徴です。それも一九四五年八月十五日で終わりですから、けじめをつけるっていうか」

健治さんによれば、谷岡さんはその後、毎日、自宅の神棚に向かって手を合わせていた習慣もぷっつりとやめ、地元の農地委員会に再就職して事務職に就いた。しかし、署長時代に、大政翼賛会の組織下に置かれていた町内会の役員を務めていたことが原因で公職追放となり、木材商工協同組合に再々就職して定年までそこで働いたという。

その間、健治さんは、警官時代の肩書きを自ら捨てた父親とは対照的に、かつての特高官僚たちが政界をはじめ表舞台に次々に再登場する状況を、選挙や報道を通じて知ることになる。治安維持法犠牲者国家賠償要求同盟の柳河瀬《やながせ》精《ただし》氏の調査によれば、戦後、少なくとも五十四人の特高出身者が国会議員に選ばれたという。

健治さんは、谷岡さんが辞職したからといって、警官時代の行為が許されるわけではないとしながらも、過去を省みることなく、表舞台で〝活躍〟を続ける人々に大きな違和感を覚えたと語った。

「戦後、自分は何もしていないという顔をしていた特高の関係者はたくさんいますよ。国会議員になったりしてね。たとえば親父たちの時代のボスだった特高課長は、国会議員までやったんです。私の父は自分で辞めた。一人の男の生き方としては潔かったと私は思いますし、尊敬しています」

谷岡さんの死後半世紀がたった二〇一六年、健治さんは札幌で開かれた三・一五事件を回顧する集会に自ら出向き、父親が特高警察だったということを公の場で初めて告白した。特定秘密保護法が施行され、改憲の動きも強まる政治の流れに危惧を抱き、父親が弾圧に関わった事実を伝えることで同じ過ちを繰り返してはいけないと感じてほしかったのだという。

健治さんは、自分が父親の経歴を公表することができたのは、戦後の谷岡さんが実直に生きたと感じているからだとして「そうでなければ、こうして話なんてできません」と、取材班に語った。

思想検察から公安検察へ

特高警察が人権指令の直撃を受ける一方、治安維持法の運用をともに担った思想検事たちはGHQによる追及を免れていた。思想検察は治安維持法の廃止にともなって撤廃されたものの、思想検事たちは罷免されることなく、通常の検察業務に移ることになった。治安維持法の存続を表明した岩田法相が幣原喜重郎《しではらきじゅうろう》内閣に留任したのを筆頭に、他の司法省や検察のトップも軒並み留任することとなった。そればかりか、当局は十月三十一日には名古屋控訴院検事長に異動していた池田克を大審院検事局次長として中央に復帰させた。

治安維持法の生き字引きとも言える池田の復帰は、戦後の治安体制に大きな影響を与えることになる。荻野富士夫氏が注目するのが、翌四六年六月二十五日、池田が前月に行われた食糧メーデーを受けて発した通牒「労働争議及び食糧闘争関係事犯の検察方針並びに経済事犯の新取締方針に関する件」（法務府検務局『労働関係実務資料集』所収）である。

池田は日本共産党の指導について、「日本の大衆運動乃至集団運動が単なる経済闘争にとどまらず、思想闘争であり、政治闘争である」と言及し、検察による積極的な取締りの必要性を訴えた。

同年七月三日、池田克を含む二十五人の司法省関係者が公職追放される。しかし、池田が通牒で示した方針は、彼が検察を離れたあとも受け継がれていった。四七年九月には、労働運動の取締り強化のため、労働係検事の設置が指示される。実質的な思想検事の復活である。追放された池田は弁護士に転身し、弁護士会もこれを拒まなかった。

労働運動の盛り上がりは公安警察の整備にもつながる。GHQを後ろ盾に、警保局からは労働運動、多衆運動の取締りに関する通牒が次々と発せられ、四六年二月から三月にかけて、各府県にあった警備課が公安課と改称された。

治安維持法なきあとの治安法令の整備も徐々に進められていた。四八年に設置された法務庁特別審査局（特審局）では当初、勅令「政党、協会其の他の団体の結成の禁止等に関する件」（一九四六年二月）を根拠に、GHQの指令の下で軍国主義的、国家主義的団体の調査・取締りを行って治安維持を図った。

この特審局の初代局長となったのが、札幌の特高だった谷岡さんが司法官赤化事件で検挙した瀧内禮作である。瀧内は局長時代、積極的に軍国主義的、超国家主義的な団体の解散を進めたと言われる。

しかし、アジアの共産主義化によるＧＨＱの占領政策の転換と吉田茂内閣の成立を受けて瀧内が局長を辞任し、後任に思想検事の代表格の一人である吉河光貞《よしかわみつさだ》が着任すると、勅令の解釈が変更されていく。

勅令（「政党、協会其の他の団体の結成の禁止等に関する件」）中の「占領軍に対する反抗若は反対」「暴力主義的計画に依る政策の変更」の部分が左翼団体にも適用できるとされ、再び共産主義への取締りが始まった。結局、この勅令は後に団体等規正令へと改正され、さらに五〇年代の占領終結にともなって破壊活動防止法へと受け継がれていく。そして破壊活動防止法の成立とともに特審局は公安調査庁へと改組・拡充された。

占領終結は、反共陣営を強化するための公職追放の解除ももたらした。追放組の復帰は五一年から始まり、旧特高や思想検察の面々が次々に要職に登用された。

このころ、各検察庁には公安係検事が設置され、再び検察の〝花形〟として共産党や党員の調査活動を担うようになる。こうして、思想検察から公安検察への〝引き継ぎ〟が完了した。

一九五二年、池田克は公職追放を解かれ、五四年十一月には最高裁判事に任命される。就任後は、一九四九年に発生した下山事件や、三鷹事件とともに国鉄三大ミステリー事件とも称される松川事件などでも厳しい判断を下していくことになる。

池田は最高裁判事になってまもなくの雑誌の取材で治安維持法に対する見解を問われ、「あの時代の国家の事情としては、国会を通ったのだし、望ましいことではないにしても、やむを得なかったのではないか」と返答している（「週刊朝日」一九五五年二月二十七日号）。

濫用は制定時より懸念されていた

本書では、もともとは共産党を取り締まるために作られた治安維持法が、時代とともに拡大解釈され、共産党と関わりのない人たちが検挙されていく過程を見てきた。法律の制定に関わった議員たちはこうした事態を予測できなかったのだろうか。

実は治安維持法の濫用を懸念する声は、最初に法案を審議した最初の第五十回帝国議会においても多数挙がっていた。たとえば一九二五年三月七日、実業家として活躍し、「経営家族主義」や「温情主義」を提唱したことで知られる衆議院議員の武藤山治《むとうさんじ》は、治安維持法案について「目的とする所には全然賛成する」としつつも、国民の思想が動揺している原因は政治が経済政策を誤ったことだとした上で、次のように反対意見を述べた。

「今日我国に於て最も必要なるは、治安維持法の制定でなくして、我国民思想を動揺せしむるに至った我国政治の此不公平、不真面目、不経済な病源に向って斧《おの》を揮《ふる》うことであると思います」

「思想の動揺する根本に向って斧を揮わずして、唯《ただ》枝葉末節たる思想に対する此［治安］維持法案を制定し、徒《いたずら》に善人や知識階級に向って不安を与えるが如きは、一国の政治に於て是れ以上不可なるものはない」

他にも、次のような発言があった。

「時には穏健な社会改造の思想を懐《いだ》いて居る者［中略］までも、圧迫を受けると云うような虞れはないであろうかと云うことを心配して居ります。［中略］此の治安維持法なるものは、［中略］誤って之を用いましたならば、無辜《むこ》の民を傷つくる兇器となる虞れがあるのであります」
（徳川義親《とくがわよしちか》、貴族院本会議、三月十一日）

刑法学者の内田博文氏は、これらの疑問の声は、近代刑法の基本的な考え方である罪刑法定主義における「行為原則」などに照らして、治安維持法の危険性を指摘するものだとする。

行為原則とは、罪として罰せられるべきは行為者の内心ではなく行為、それも社会有害的な行為だとする刑法の基本原則である。これは、内心（思想および良心）の自由を保障するために作られたものだ。内田氏は、行為原則の必要性について次のように解説する。

「法が規制するのは、あくまでも人間の外面的な『行為』です。そして犯罪の対象となるのはその中でも、『人を殺す』『ものを盗む』など社会に有害な結果を発生させた行為だけだということです。なぜこういう考え方が登場したのかというと、人々の内心まで対象にすると中世のように、『特定の宗教を信じたから処罰する』とか、『信じないから処罰する』ということになって、再び宗教戦争が起きかねない。そうならないように、『行為原則』が近代刑法の基本原則の一つにされたのです」

内田氏は、治安維持法は明らかにこの行為原則に反していると付け加えた。

「治安維持法の場合は特定の思想や政党、運動に与《くみ》することで処罰されますので、まさに思想・信条の処罰に当たります。それゆえに、議員から『行為原則に反するのではないか』という疑問が寄せられたのです」

そもそも行為原則の観点から見れば、治安維持法が共産主義という「特定の思想」を持つ人たちを罰する法律だったこと自体が問題だと言える。これは、内心の自由を保障する近代法の精神にもつながっている。暴力革命を防ぐという目的があるのであれば、テロ行為や暴力行為を取り締まる法律を作るべきだったという教訓を汲み取ることもできるだろう。

治安維持法の教訓を現代に活かすために

さらに第五十回帝国議会で多くの議員が指摘していたのは、治安維持法の条文を構成する言葉の定義が曖昧であるという点だった。


「本法案の如きはまるで幽霊のようなものである〔中略〕斯段《こう》々と説明が変わって参る。是等を以てしても第一条と云うものの輪郭が分からない。極めて漠たる規定である」

「裁判官の認定、警察官の検挙の模様、方針等に依って非常に是は拡大する規定である」

（原夫次郎《はらふじろう》、衆議院　治安維持法案特別委員会、二月二十七日）


「『国体』という文字は、多くの人に於てその意味を異にして居る」

「之に依って或は善良なる国民がこの法に触れるようなことも出来て、甚だ危険であると思います」

（禱苗代《いのりしげしろ》、衆議院　治安維持法案特別委員会、三月三日）


「此法律は如何に弁じましても、其法文は明確でないと云うことは、是は一点疑いのないことである。〔中略〕若し不幸にして将来日本に反動的の内閣が起こった場合に

於きましては、此法律は濫用せらると云うことは殆ど火を賭《み》るより明らかである」（坂東幸太郎《ばんどうこうたろう》、衆議院　本会議、三月七日）

治安維持法のその後を的確に予測した質問に対し、当時の司法大臣だった小川平吉は「思想を圧迫するとか、或は研究に干渉をするとか云うことではないのであります」「善良なる国民、普通の学者であり研究家と云うものに対して、何等刺激を与えることはない」などと答弁し、濫用の可能性を終始否定した（貴族院　本会議、三月十一日）。

内田博文氏は議会での議論の内容を調査した結果、他の閣僚や政府委員による答弁も同様だったことを確認した。

「この条文はあくまでも非合法な共産党とか共産党運動を取り締まるのが目的で、濫用はない。もし濫用したとしても裁判所が適正に限定解釈するから、心配する必要はない――という内容の答弁が何度となく行われています。その後の歴史を見ると、政府の答弁が現実的なものではなかったことは明らかでしょう」

荻野富士夫氏は、新たな法律の制定においては運用側の限定解釈に期待をかけるよりも、法律の条文そのものを客観的に評価することの重要性を強調する。

「治安維持法は条文の中に『国体変革』『目的遂行』などの語句が組み入れられることで、

その後の運用において弾力的に使われるような曖昧性、どのようにも拡大解釈できるような茫漠《ぼうばく》性を持っていたと言えます。ここから一つの教訓を引き出すとすれば、現在の法律や法案の中にもそういう拡大解釈されるような語句がないか確認することの重要性が挙げられるでしょう」

荻野氏は私たちのインタビューの中で、「おそらく治安維持法の立法者もその後の適用拡大を予想していなかったのではないか」と語った。法律は一度、権力による拡大解釈の懸念が残されたままに成立してしまえば、時代や政治状況によって当初の思惑を離れ、まったく違う対象にも適用されてしまう。

治安維持法による検挙者は、今回の取材で確認できただけで植民地も含め十万千六百五十四人に上った。そこには、本書でその肉声を書きとめた、もしくは遺族や関係者の証言から人生をたどった方々と同様に、十万の個別の体験が存在する。

治安維持法の二十年間の運用の軌跡は、法治国家にあって、法そのものが私たちの自由を奪う別の顔を持ち得るという事実を投げかけている。

終章　それぞれの戦後

大竹一燈子さんの場合

治安維持法によって検挙された人たちは、戦後どのような人生を送ったのだろうか。

十四歳のころに共産党員の娘として検挙され、過酷な拷問を受けた大竹一燈子さん。運動に身を捧げた両親の下で育った大竹さんだったが、自らは政治活動と距離を置き、専業主婦として三人の子どもを育てた。

大竹さんに一度も怒られたことがないという娘の和子さんは、母親が家庭に専念した理由について、自身が党員の娘として地下生活を続け、親と触れ合う時間が少なかったからではないかと語った。

「私が仕事をしていたから、うちの娘［大竹さんの孫］は母がずっと面倒をみてくれたの。だから娘は母が育ててくれたようなものです。一緒に住んでいたわけじゃないけれど、近所に住んでいて、毎日娘が帰ってくるころには、『家にお母さんがいないとかわいそう』と来てくれた。自分がやってもらいたかったことを全部してくれたんじゃないかな」

私たちが取材したとき、大竹さんの車いすを押していたのは、孫の真奈さんだった。三十八歳になる真奈さんは、親しみを込めて大竹さんを「あーちゃん」と呼んでいる。

「あーちゃんはちょっと変なおばあちゃんではありましたね。子どもながらにふつうではないと思っていました。日曜日はクラブに行って中国語を勉強したり、勉強がすごく好きで本を読んだりとか。でもいつも言うのは、『私は小学校も出ていないからね』って」

一九八四年、古希を迎えた大竹さんは母親との思い出をつづった自伝『母と私』を出版し、子どもたちにも話していなかった自らの体験を公にした。真奈さんは大学生のころに『母と私』に目を通し、初めて自分の祖母が治安維持法によって検挙されていた事実を知ったという。

「運動のことや主義主張よりは、あーちゃんの気持ち自体にすごく興味を持ちました。こんなにつらい思いをしていたのかって、本当に悲しくなっちゃって……。でも本人に話を聞いても、『悲しい』とかは全然言わないんですよ。本を読むとそういう体験をしているのに、何を言っても笑うんですよ」

大竹さんは、つらい過去の思い出を語るよりも、自分が与えられなかったものを子や孫たちに与え、自ら学習する道を選ぶことで、大切にしたいことを表現しようとしたのかもしれない。

立澤千尋さんの場合

長野の二・四事件で検挙された立澤千尋さんは、上伊那郡小野小学校の教師として終戦を迎えた。

教職に復帰してからも書き続けられていた日記を見ると、終戦を基点に、それまで国策遂行に邁進していた立澤さんの思考が激しく揺さぶられていたことが窺える。戦争末期、立澤さんの日記には戦局を伝える新聞報道の切り抜きが毎日のように貼り付けられ、もはや隠しきれなくなった形勢の不利を心配する言葉が書き連ねられていた。

そして八月十五日、ラジオで玉音放送を聞いた立澤さんは、天皇の詔《みことのり》を一言一句漏らすことなく日記に書き写した。放送を聞いたときの心境を、次のように記している。

八月十五日　晴

遂に大東亜戦争の最後の時は来た。［中略］天皇陛下の玉音、噫《ああ》、史上にしるす。この汚点坐《ざ》し戦争は終結ではない。こん後の苦難の克服が戦争なのだ。心をゆるめてはならない。

日記の記述からは終戦を迎えてもなお、立澤さんが国体への忠誠心を保っていたことが察せられる。しかしその四か月後には、次第に明らかになってきた戦時中の事実に困惑する心境が記されるようになっていった。

十二月十日　曇　雪舞い少しく積る

このごろ大東亜戦の経過について連合国より提供せられた報道が新聞に出る。国民は戦争の経過と正反対の報道に目かくしをされていたのである。又この戦は戦うべからざる戦を戦ったのだと思わざるを得ない。国民に真に言論の自由を与えて置いたなら、或はこの悲局は或程度迄まぬかれていたであろうと考える。まことに残念なことであった。大本営の発表と戦争理念をあくまで正当に支持して来た国民は現在この昏迷に立ちむかって果してどうしてよいかわからないのである。悲しむべき現実。

娘の三浦さんは日記を読み進める中で、それまで国家への忠誠を記し続けていた父親が書いた「言論の自由」という言葉に目を引きつけられたという。

「『戦争に負けちゃいそう、負けちゃいそう』といっぱい書いてあるんだよね。けれども、いよいよ負けてからの日記を読むと、『みんなが考えていることをちゃんと自由に喋《しゃべ》れたら、言論が自由だったなら、あんな戦争はなかったかもしれない』と言っている。私にね、ちゃんと見る目をもって、『これはいいぞ、これは駄目だぞ』って判断できるようにしなよって、本当に良いと思ったことは言いなよって、言ってくれているのだと思います」

第三章でも触れたように、立澤さんはこの後、自分が満州に送り出した子どもたちが現地で亡くなったことを知り、深い後悔の念を抱えるようになっていく。それでも立澤さんは教壇に立ち続けた。そして終戦から十二年目の一九五七年には、自らが検挙された中箕輪尋常高等小学校の後身、箕輪中部小学校に校長として赴任。退職するまでの八年間、同校の校長を勤め上げた。

三浦さんが初めて二・四事件のことを知ったのは、立澤さんが退職直前に長野県から功労が認められ、表彰を受けたときのことだったという。

「そのときに母が、父［立澤さん］を捕まえておいて、また表彰するだなんておかしいね、なんて話していて。そのときにちらっと事件のことを母から聞いた気もするけど」

立澤さんが亡くなってから二十五年後、三浦さんの元に長野の郷土史家や教師たちが二・四事件のことをまとめたいと話を聞きにやってきた。

そのとき初めて三浦さんは、父親が残した日記や歌集につぶさに目を通した。検挙された学校の校長になったときでさえ事件について語ることのなかった父親だが、実は亡くなる直前まで二・四事件に関する歌を詠み続けていた。

躓《つまず》きし　つまずきしわが二十代を　あやうくも支えくれしちちはは

躓きし　吾をあわれむ　君ありて　自《おのずか》らわが　ひとよきまりに
「もう亡くなるというときの歌にも、『躓いちゃった』と悔いているわけだよね。自分の一世《ひとよ》、一生の生き方が決まったって詠んでいる。私からすれば、二・四事件はそのときの国の方針に都合が悪い人を見せしめにした出来事だったと思う。『躓いた』って思わないでほしいって、いまは思うね。忘れちゃえば良かったのかもしれないけど、忘れられなかったんだね……」

シン・ギチョルさんの場合

日本の植民地支配が続く中、民族の言葉や文化を守りたいと読書会を組織したことが罪に問われ、懲役二年半の有罪判決を受けたシン・ギチョルさん。戦後は成均館《ソンギュングアン》大学の教授となり、ハングルの研究に力を尽くした。

息子のサンジンさんによれば、ギチョルさんは獄中で、あることを決意したという。

「父は刑務所の中でも、自分の国の文字と言葉をどうやって守っていくべきか悩んでいました。考えぬいた末に、ドイツのグリム兄弟のように国語辞典を作らなければならないと思い至ったのだそうです。それで戦後、弟と一緒に辞典の執筆を始めたんです。もし刑務所での苦労がなく、平凡な学生生活を送っていたら、父はまったく違う人生を歩んでいたのではないかと思います」

戦後、韓国は独立したものの、当時流通していた本は日本語で書かれたものばかりでハングルの本自体が少なかった。そこでまず、ギチョルさんの兄のヨンチョルさんが古文の参考書『古文新釈』を執筆して出版した。この参考書は各地の中学校や高校の授業で使われたという。

そしてギチョルさんは弟とともに国語辞典の編纂に取り組み、二十五年がかりで『新しい国語大辞典』（ウリマル・サンセジョン刊）を完成させた。最初に出版するときは妹のゼチョルさんが支援したものの売れ行きは芳しくなく、生活はかなり困窮していたという。

それでもギチョルさんは辞典の出版後もハングルの研究に身を捧げ、二〇〇三年、八十一歳でその生涯を閉じた。研究成果は、二〇〇八年に大手企業の支援を受けて『韓国文化大辞典』としてまとめられた。言葉や文化を守ろうとした青年時代の志を貫いた人生だった。

松本五郎さんと菱谷良一さんの場合

美術部での活動が治安維持法違反とされ、有罪判決を受けた松本五郎さん。師範学校を退学となり、教員への道を断たれた松本さんだったが、戦後、開拓を目的として訪れた村に教育施設がなく、村人から「子どもたちを見てほしい」と依頼される。小学生、中学生の児童に対して、美術だけでなく他の教科も教えることになった。一九四九年に学校の建設が認可されると、母校の師範学校に卒業を追認してもらって教員の免許状を取得した。念願だった教師になり、「おらが村の先生」として多くの教え子を育てた。

松本さんとともに捕らえられた友人の菱谷良一さんは、父親の紹介でガス会社に就職した。営業一筋で勤め上げたあとはかつて学んだ絵を再開し、自宅を改装してアトリエも作った。いまでは町の版画サークルの講師を務めるなど、創作活動に意欲的に取り組んでいる。

九十代後半となった二人にはいま、治安維持法に関する講演の依頼が後を絶たない。きっかけは二〇一七年、治安維持法で検挙された人やその家族が国に謝罪や賠償、実態調査を求める国会請願活動に招かれたことだった。

この年、国会ではテロ等準備罪、いわゆる共謀罪を新設する改正組織犯罪処罰法案が提出され、内容に似通った部分があるとして治安維持法に再び注目が集まっていた。そこで請願活動を主催する団体は、数少なくなった当事者として、二人に治安維持法の体験を語ってほしいと依頼したのである。以来、新聞やテレビなどの取材も受けるようになり、翌年も二人揃って請願に参加した。

前述のとおり、請願活動では五十年間にわたり、賛同するのべ九百五十万人分の署名を集めて国会に届けてきたという。しかし国はこれまで一貫して、治安維持法による処分を受けた人に対して、謝罪や賠償、実態調査の必要性を認めてこなかった。

同年六月二日に開かれた衆議院法務委員会の改正組織犯罪処罰法案に関する質疑において、当時の法務大臣、金田勝年《かねだかつとし》氏は次のような見解を示している。

「治安維持法は、当時適法に制定されたものでありますので、同法違反の罪に係ります勾留、拘禁は適法でありまして、また、同法違反の罪に係る刑の執行も、適法に構成された裁判所によって言い渡された有罪判決に基づいて適法に行われたものであって、違法があったとは認められません。したがって、治安維持法違反の罪に係る勾留もしくは拘禁または刑の執行により生じた損害を賠償すべき理由はなく、謝罪及び実態調査の必要もないものと思料をいたしております」

（第百九十三回国会　衆議院　法務委員会、二〇一七年六月二日）

この説明が行われた二週間後の六月十五日、二百七十七種類の犯罪をテロ等準備罪の対象とする改正組織犯罪処罰法は、参議院の委員会での審議を省略するという異例の経過を経て、賛成多数によって可決された。成立から二年が過ぎた二〇一九年現在、テロ等準備罪はまだ誰にも適用されていない。

松本さんと菱谷さんは、依頼があればできる限り講演を引き受け、自らの体験や思いを伝えるようにしている。

治安維持法は何をもたらしたのか、そこから何を伝えようとしているのか——。私たちの問いかけに、松本さんはこう答えた。

「人間崩壊ですよね。人間の心までおかしくなってしまった時代があった。そういう時代の嫌な思いを将来、再び味わうことのない平和な世の中を実現するために、残された歴史の生き証人みたいな形で話して伝えていきたいという気持ちがありますね。私が言わなかったら、おそらく伝えられない。昔はそんなこと思ってもみなかったんだけれど、若い人たちには高校生をはじめ、『初めて聞いた』『平和の大切さを考えた』と言ってくれる子も、結構いるんですよね。いまでは、やっぱり世の中っていうのはそんなに捨てたもんじゃないなという気がしていますす」

おわりに

治安維持法のことを調べている――。

本書の基になった番組の制作中、友人や知人に仕事の内容を問われてそう答えると、若干の戸惑いとともに「ずいぶん難しそうなことをやっているね」という反応を受けることが少なくなかった。

かくいう私自身も、治安維持法について知りたいと考えたものの、歴史に明るいわけでもなく、取材前から待ち受ける苦労を想像して足をすくませていた。予想どおり、対象の射程の広さと奥深さに打ちのめされ続けることとなり、本書を書き終えようとしているいまでもその全体像をつかんだとは到底言いがたい。

一方で、当時を知る人たちと出会い話を聞いていくうちに、過去の法律を知り、自分が生きる時代の法律について考えることは、当たり前の日常を守るためにも不可欠だという思いを強くした。また、治安維持法がたどった道筋の至るところに、現代社会と通底する重要な問題が埋もれているという確かな実感も得ていった。

すでに治安維持法について知識のある人も、初めて関心を持った人も、自分の身に置き換えながら法律が人々の日常に何をもたらしたかに思いを馳せてほしい。取材に協力してくれた方々の声に耳を傾ければ、それは十分に可能ではないか——そう考え、身に余る仕事と知りながら筆を執ることを決めた。

本書では、治安維持法の運用の歴史を振り返る上で本来欠かすことのできない、四・一六事件や横浜事件などいくつかの重要事件について叙述できなかった。これは、ひとえに筆者の力不足によるものだが、取材対象を検挙者数のデータを切り口として選定したことや、取材で得た証言をできる限り盛り込む構成を目指したという事情もある。趣旨をご了解いただき、本書で取り上げられなかった事件については巻末に掲げた参考文献や論文などを参照して理解を深めていただきたい。

また、法律の外地での運用に関して、一九四一年に施行された満州国の治安維持法に触れることができなかった。これについては、本書監修の荻野富士夫氏をはじめとする研究者たちによって、いまも資料の発掘や研究が続いており、今後の成果が待たれるところである。

本書を締めくくるにあたり、謝辞に若干の紙幅を費やすことをお許しいただきたい。

今回の取材では、証言してくださった皆さんをはじめ、大変多くの方々にお話を聞かせていただいた。全員のお名前をここに記すことはできないが、ご協力に厚く御礼を申し上げるとともに、本書を捧げたい。

西田義信さんには、番組制作のきっかけをちょうだいするとともに、検挙者のデータベースから取材につながる情報を多数ご提供いただいた。私財を投じて膨大な検挙者の情報を整理し続ける姿には、本当に頭が下がる思いがした。データベースが完成し、公開される日が来ることを願っている。

荻野富士夫先生には、番組の制作段階から構成の相談、資料の選定・提供までお付き合いいただき、執筆過程においても並々ならぬご助力をいただいた。また、内田博文先生には主に刑法の側面から見た治安維持法について、前田一男先生には教育史における二・四事件の位置付けについて、水野直樹先生には植民地における同法の運用実態について多くの示唆をいただいた。本書の内容は、ここで名前を挙げた方々をはじめ多くの研究者の成果によっている。これまでのご研究に深く敬意を表したい。

ともに番組制作に携わってくれた上司や同僚、取材スタッフとは、幾度も議論を交わし、一緒に頭を悩ませ、制作に取り組んだ。いつも皆さんから力をいただいている。

ＮＨＫ出版の加藤雅也さんと井上雄介さんは、番組を見て執筆をご提案くださった本書の生みの親である。井上さんは編集も担当してくださり、構成や表現についても的確なアドバイスをいただいた。原稿が遅々として進まない筆者を粘り強く励ましていただき、感謝に堪えない。

執筆作業の最中にも、日々の報道において、治安維持法の時代の出来事を想起させるニュースに出会うことが少なからずあった。この先もきっとあるだろう。そのとき、読者の皆さんが本書を思い出して、状況を比較検討したり、いまについて考えたりする材料にしていただければこれほど嬉しいことはない。

二〇一九年九月

滝川一雅

主要参考文献

・浅野豊美、松田利彦編『植民地帝国日本の法的構造』信山社、二〇〇四年
・朝日新聞山形支局『聞き書き　ある憲兵の記録』朝日文庫、一九九一年
・池田克『治安維持法』日本評論社、一九三九年
・池田克『最近に於ける共産党の運動に就いて』皐月会、一九三七年
・池田克「三・一五の赤狩り旋風」『文藝春秋　臨時増刊』第三十二巻第十一号所収、一九五四年
・池田克「思想犯人教化問題の考察」『警察研究』第三巻第一号所収、一九三二年
・池田克「治安維持法案の覚書」『警察研究』第五巻第八号所収、一九三四年
・池田克「思想犯人教化の経験批判」『警察研究』第七巻第十一号所収、一九三六年
・内田博文『治安維持法と共謀罪』岩波新書、二〇一七年
・内田博文『治安維持法の教訓　権利運動の制限と憲法改正』みすず書房、二〇一六年
・大竹一燈子『母と私　九津見房子との日々』築地書館、一九八四年
・荻野富士夫『思想検事』岩波新書、二〇〇〇年
・荻野富士夫『特高警察』岩波新書、二〇一二年
・荻野富士夫『よみがえる戦時体制　治安体制の歴史と現在』集英社新書、二〇一八年
・荻野富士夫編『特高警察関係資料集成』第Ⅰ期全三十巻、不二出版、一九九一～九五年

・荻野富士夫編『治安維持法関係資料集』全四巻、新日本出版社、一九九六年
・奥平康弘『治安維持法小史』岩波現代文庫、二〇〇六年
・奥平康弘編『現代史資料45　治安維持法』みすず書房、一九七三年
・外務省編『外務省警察史』復刻版、第二十三巻、不二出版、一九九八年
・『季刊現代史』第七号（特集　治安維持法体制　その実体と動態）、現代史の会、一九七六年
・『季刊三千里』第四十七号（特集　植民地時代の朝鮮）、三千里社、一九八六年
・木下英一『特高法令の新研究』松華堂書店、一九三二年
・国立国会図書館憲政資料室所蔵「内務省資料（MF：Library of Congress編纂）」
・国立国会図書館憲政資料室所蔵「渡辺千冬関係文書」
・小林多喜二『一九二八年三月十五日』一九二八年（現在は岩波文庫などで読める）
・小森恵『治安維持法検挙者の記録　特高に踏みにじられた人々』文生書院、二〇〇六年
・杉浦正男『若者は嵐に負けない　戦時下印刷出版労働者の抵抗』学習の友社、一九八一年
・立澤千尋『歌集　森の音（補遺）』
・治安維持法犠牲者国家賠償要求同盟編『治安維持法と現代』二〇一六年春季号
・治安維持法犠牲者国家賠償要求同盟編『治安維持法と現代』二〇一六年秋季号
・内務省警保局編『社会運動の状況』復刻版、三一書房、一九七一～七二年
・中澤俊輔『治安維持法　なぜ政党政治は「悪法」を生んだか』中公新書、二〇一二年
・二・四事件記録刊行委員会編『抵抗の歴史　戦時下長野県における教育労働者の闘い』労働旬報社、

一九六九年
・前田一男編『「長野県教員赤化事件」関係資料集』全三巻、六花出版、二〇一八年
・牧瀬菊枝編『九津見房子の暦　明治社会主義からゾルゲ事件へ』思想の科学社、一九七五年
・松本衛士「治安維持法と長野県二・四事件　社会運動弾圧と『非常時』体制の確立」『歴史評論』第四百十一号所収、一九八四年
・松本五郎『証言　生活図画事件』二〇一三年
・水野直樹「植民地朝鮮における治安維持法」『二〇一五年度東京大学コリア・コロキュアム講演記録』所収、二〇一六年
・水野直樹「戦時期朝鮮の治安維持体制」『岩波講座　アジア・太平洋戦争 七 支配と暴力』所収、二〇〇六年
・水野直樹「治安維持法による死刑判決　朝鮮における弾圧の実態」『治安維持法と現代』二〇一四年秋季号所収
・水野直樹「治安維持法の制定と植民地朝鮮」『人文学報』第八十三号所収、二〇〇〇年
・山辺健太郎編『現代史資料16　社会主義運動（三）』みすず書房、一九六五年

ETV特集「自由はこうして奪われた～治安維持法 10万人の記録～」

（2018年8月18日放送）

取材協力	荻野富士夫
資料提供	国立公文書館、アジア歴史資料センター 国史編纂委員会、西大門刑務所、警察資料館 箕輪中部小学校、北海道教育大学旭川校 学習院大学法経図書センター、神戸学院大学 毎日新聞社、朝日新聞社、共同通信社 アフロ、新潮社、新日本出版社 菱谷良一、前田一男、西田義信、生方 卓 岩村義雄、小平千文、藤田廣登、宮田 汎
語り	池松壮亮、守本奈実
朗読	81プロデュース
撮影	浅野康治郎
音声	阿部晃郎、丸山 隆
映像技術	北村和也
映像デザイン	塚崎安奈
CG制作	高崎太介
音響効果	日下英介
編集	吉岡雅春
リサーチャー	岩本善政
コーディネーター	チョン・ミョンギュ
ディレクター	滝川一雅
制作統括	堀川篤志、塩田 純

滝川一雅（たきがわ・かずまさ）
二〇〇三年、ＮＨＫ入局。主に文化・福祉番組部ディレクターとして、文化・歴史・環境・スポーツなど幅広いテーマの番組を制作。担当番組にＥＴＶ特集「小野田元少尉の帰還　極秘文書が語る日比外交」「ウナギを追い続けた男」、ＮＨＫスペシャル「〝冒険の共有〟栗城史多の見果てぬ夢」「ＴＯＫＹＯアスリート　第四回　競泳　私たちが〝エース〟だ」など。

NHK「ETV特集」取材班

1925年から20年間にわたって運用された治安維持法。
公文書から抽出した検挙者数のデータを基に、その運用実態を検証し、ETV特集「自由はこうして奪われた〜治安維持法 10万人の記録〜」を制作した。

荻野富士夫 おぎの・ふじお

1953年生まれ。小樽商科大学名誉教授。専攻は日本近現代史。
『特高警察』『思想検事』(岩波新書)、
『よみがえる戦時体制』(集英社新書)、
『治安維持法関係資料集』(新日本出版社)など編著書多数。

NHK出版新書 607

証言 治安維持法

「検挙者10万人の記録」が明かす真実

2019年11月10日 第1刷発行

著者 NHK「ETV特集」取材班 ©2019 NHK
監修者 荻野富士夫
発行者 森永公紀
発行所 NHK出版
〒150-8081 東京都渋谷区宇田川町41-1
電話 (0570) 002-247(編集) (0570) 000-321(注文)
http://www.nhk-book.co.jp (ホームページ)
振替 00110-1-49701

ブックデザイン albireo
印刷 新藤慶昌堂・近代美術
製本 藤田製本

Printed in Japan ISBN978-4-14-088607-6 C0221

NHK出版新書好評既刊

NHK出版新書好評既刊

誰も知らない
レオナルド・ダ・ヴィンチ
斎藤泰弘
芸術家であり、科学者でもあった「世紀の偉人」がなりたかったのは、「水」の研究者だった？ 自筆ノートから見えてくる「天才画家」の正体とは——。
598

男の「きょうの料理」
絶品！ ふわとろ親子丼の作りかた
NHK出版［編］
NHK「きょうの料理」とともに歩んできた番組テキストで紹介されたレシピの中から、しっかり作れてきちんとおいしい「丼」70品を厳選収載！
599

日本語と論理
哲学者、その謎に挑む
飯田 隆
「多くのこども」と「こどもの多く」はどう違う？「こどもが三人分いる」が正しい場合とは？ 日本語のビミョウな論理に迫る「ことばの哲学」入門！
600

世襲の日本史
「階級社会」はいかに生まれたか
本郷和人
日本史を動かしてきたのは「世襲」であり、「地位より家」の大原則だった。摂関政治から明治維新までの流れを読み解き、日本社会の構造に迫る！
601

プラトン哲学への旅
エロースとは何者か
納富信留
えっ⁉ 紀元前のアテナイでソクラテスと「愛」について対話する？ プラトン研究の第一人者が『饗宴』を再現して挑む、驚きのギリシア哲学入門書。
602

AI以後
変貌するテクノロジーの危機と希望
丸山俊一
＋NHK取材班［編著］
脅威論も万能論も越えた「AI時代」のリアルとは？ ダニエル・デネットなど4人の世界的知性が、人類とAIをめぐる最先端のビジョンを語る。
603

NHK出版新書好評既刊

残酷な進化論
なぜ私たちは「不完全」なのか
更科 功
心臓病・腰痛・難産になるよう、ヒトは進化した！『絶滅の人類史』の著者が最新研究から人体進化の不都合な真実に迫る、知的エンターテインメント！
604

親の脳を癒やせば子どもの脳は変わる
友田明美
親の脳も傷ついていた。脳研究に携わる小児精神科医が、脳とこころを傷つけずに子どもと向き合う方法を最新の科学的知見に基づいて解説する。
605

森保ジャパン世界で勝つための条件
日本代表監督論
後藤健生
新生サッカー日本代表「森保ジャパン」が世界の壁を突破するためには、何が必要なのか？ 代表監督の系譜から考える。歴代監督12人の独自採点付き。
606

証言 治安維持法
「検挙者10万人の記録」が明かす真実
NHK「ETV特集」取材班［著］
荻野富士夫［監修］
1925年から20年間にわたって運用された治安維持法。当事者の生々しい肉声と検挙者数のデータから、その実態に迫った「ETV特集」の書籍化。
607

明智光秀
牢人医師はなぜ謀反人となったか
早島大祐
文武兼ね備えたエリート武将は、いかに本能寺の変へと追い詰められたか。気鋭の中世史家が最新の研究成果を踏まえ、諸説を排し実証的に迫る渾身作！
608